本书获上海外国语大学国际教育学院高水平学术研究经费资助出版

任务分析理论创新与实践

——企业培训内容开发指南

管理
MANAGEMENT

董丽丽　刘美凤　著

Theoretical Innovation and Practice of Task Analysis:
A Guide to Corporate Training Content Development

上海交通大学出版社
SHANGHAI JIAO TONG UNIVERSITY PRESS

内容提要

本书主要关注企业培训情境中的任务分析,即从企业培训内容开发的角度来明确任务分析的相关理论、流程与工具,进而为企业培训内容开发提供操作指南。本书共六章,包括任务分析导论、企业培训内容开发方法概述、基于任务分析的企业培训内容开发概念模型、基于任务分析的企业培训内容开发操作模型、基于任务分析的企业培训内容开发操作实务以及最后的总结和展望。

本书理论与实践并重,且流程、工具、案例和理论深度结合,适合各大院校教育技术学、人力资源开发、人力资源管理等相关专业师生教学或学习使用,也可作为企业培训实践人员的参考书目。

图书在版编目(C I P)数据

任务分析理论创新与实践:企业培训内容开发指南 / 董丽丽,刘美凤著. — 上海:上海交通大学出版社,2021.10

ISBN 978 - 7 - 313 - 25613 - 3

Ⅰ.①任… Ⅱ.①董…②刘… Ⅲ.①企业管理-职工培训-指南 Ⅳ.①F272.921-62

中国版本图书馆 CIP 数据核字(2021) 第 209386 号

任务分析理论创新与实践——企业培训内容开发指南
RENWU FENXI LILUN CHUANGXIN YU SHIJIAN—QIYE PEIXUN NEIRONG KAIFA ZHINAN

著　者:董丽丽　刘美凤
出版发行:上海交通大学出版社　　地　　址:上海市番禺路 951 号
邮政编码:200030　　　　　　　　　电　　话:021 - 64071208
印　　刷:上海天地海设计印刷有限公司　经　　销:全国新华书店
开　　本:710mm×1000mm　1/16　　印　　张:14.75
字　　数:202 千字
版　　次:2021 年 10 月第 1 版　　　印　　次:2021 年 10 月第 1 次印刷
书　　号:ISBN 978 - 7 - 313 - 25613 - 3
定　　价:69.00 元

序

我从1993年开始教授教育技术学专业"教学设计"本科课程,并一直从事教学设计的理论与实践研究。一般的教学设计过程模式诞生于20世纪60年代。由于社会、政治、经济、技术等的长足发展,人们对教育教学的认识也不断进步。与此同时,各个组成部分(学习需要分析、学习内容分析、学习者分析、教育目标分类、教学策略、教学设计成果的评价等)的理论与方法也会与时俱进。因此,我们团队从2005年左右就开始追踪教学设计过程中的各个组成要素的前沿发展,并于2018年出版了《教学设计研究:学科的视角》一书。

董丽丽就是那个时期我的硕士生和博士生,是我们教学设计研究团队的重要一员,也是《教学设计研究:学科的视角》一书的作者之一。硕士阶段她的研究论文主题是"教学设计中的评价环节"。"学习内容分析"部分是教学设计过程模式中最有难度的环节,因此也就成为董丽丽读博之后的研究主题。博士读书期间,她广泛阅读了学习内容分析的文献,同时积极参与教学设计实践,而且为了更好地完成该主题的研究,她还申请去美国佛罗里达州立大学交流学习一年,与众多教学设计领域的著名学者就研究主题进行学术交流,更加坚定了研究方向,也对该研究主题有了更深刻的认识,最终把研究方向定位在"面向企业培训内容开发的任务分析"。

"面向企业培训内容开发的任务分析"这一主题,弥补了教学设计领域对"工作任务(学习内容)分析"研究的不足,很好地衔接了企业培训领域和学校教育领域中的教学设计。这项研究促进了教学设计理论在企业培训领域的发展,也有利于教育技术学学科的建设,具有很好的研究价值。研究采取了基于设计的研究范式,从实践中的真实问题出发,不仅可以帮助教学设计实践者解决实际问题,而且也进一步完善了任务分析理论。董丽丽的努力使其博士论文得到了评审专家的一致好评。

2016年博士毕业后,董丽丽继续深化和丰富其博士论文的研究。经过这几年的积累,在博士论文研究的基础上,《任务分析理论创新与实践——企业培训内容开发指南》终得与读者见面,是我们教学设计研究团队的又一重要研究成果,衷心感谢出版社的大力支持,希望本书能够对读者有一些启发与思考。

《任务分析理论创新与实践——企业培训内容开发指南》一书是一本学术著作,也是一本实践指南。本书不仅可以作为各大院校教育技术学、人力资源开发、人力资源管理等相关专业师生的学习教材,也可作为企业培训实践人员的工作提供参考。当然,囿于我们的学识和实践局限,本书一定有一些研究不深入不到位的地方,也敬请各位读者批评指正,我们一同进步。

刘美凤

2021年7月于北京师范大学

前　言

我从 2006 年进入教育技术学研究领域,至今已经 15 年。15 年来,我完成了从学生到教师的转变,但教育技术学的核心课程"教学设计"一直陪伴着我。相信很多教育技术学专业的学生、从事教学设计和课程开发的实践人员都对"教学设计"非常熟悉,也一定知晓学习需求分析、学习者分析、学习内容分析、教学目标的撰写、教学策略的设计、教学评价等各个环节。然而,随着对该领域的学习与了解,我慢慢发现,作为教学设计的重要环节,任务分析非常重要但却有许多尚未解决的问题。

就重要性来说,教学设计中的任务分析处于教学总目标和具体教学目标之间,具有承上启下的作用。即任务分析需要在已经通过学习需求分析确定了教学总目标的前提下,进一步获得学习者需要学习的知识、技能和态度等内容,为具体教学目标的撰写打下基础。在具体的企业培训情境中,任务分析是建立工作岗位与培训内容关联的重要手段,在实践中运用广泛,乔纳森称之为教学设计中唯一最重要的阶段。

然而,当前教育技术领域的任务分析研究更关注学校领域而对企业培训的关注较少。这使得面向企业培训的任务分析存在种种问题,经常是"执行最差甚至被直接忽略的教学设计环节",具体问题包括:任务分析的两个环节(文中的工作任务分析与学习任务分析)常常厚此薄彼且关联性弱;更重视学习结果分类而忽视企业知识分类;任务分析方法与任务类型难以完全匹配;组织经验萃取或隐性知识显性化面临众多挑战;任务分析过程过度依赖专家,缺少规范的操作流程和支持工具等。如何解决这些问题以更好地帮助实践者开展任务分析工作,是摆在研究者面前的重要命题。在此背景下,我选择了以"面向企业培训内容开发的任务分析"为主题开展博士论文研究。

博士论文研究从 2013 年开始。由于该研究的研究问题与实践问题密切相关,而且具有明显的"设计与开发"倾向,因此我采用了基于设计的研究范式。该研究包括三个子研究:研究一确认实践问题的真实性,并细化研究问题,为实践问题的解决打下基础;研究二为实践问题提供解决方案,即从实践问题出发,结合相关理论构建概念模型和操作模型,形成初步的问题解决方案;研究三通过三次迭代,试用评价和修改研究二设计出的问题解决方案。在我的导师刘美凤教授的指导下,2016 年我完成了博士论文《教学设计视野下的任务分析研究——企业培训内容开发的视角》。这也是本书的雏形。

2016 年博士毕业进入工作岗位后,我继续从事教育技术学相关的教学与研究工作。随着实践与研究经验的积累,我对"面向企业培训内容开发的任务分析"这一主题的理解更加深刻,于是开始动笔对原论文进行修改完善,于是就形成了今天这本著作。

本书虽然以博士研究论文为基础,但完全打破了研究论文的格局。一方面,本书完全去掉了博士论文中的研究设计部分,只保留了重要的研究结论;另一方面,本书丰富了实践应用层面的内容,如具体的流程、工具和案例等。相对于博士论文,本书可读性更强,也更加贴合实践。本书共分为六章。

第一章是任务分析导论。本章梳理了任务分析与企业培训的相关概念,从教学设计的角度认识了任务分析这一环节,分析了企业培训中任务分析的独特性,并界定了面向企业培训内容开发的任务分析的内涵。

第二章是企业培训内容开发方法概述。本章概述了直接从培训总目标获得培训内容、基于DACUM的培训内容开发和基于胜任力模型的培训内容开发三种企业培训内容开发方法。经过三种方法的对比分析,并结合理论与实践的梳理,本章指出了面向企业培训内容开发的任务分析的现实困境。

第三章和第四章是本书建构的面向企业培训内容开发的任务分析模型。第三章主要关注的是概念模型的建构,即从理论角度得出面向企业培训内容开发的任务分析模型各要素及其之间的关系。第四章建构了基于任务分析的企业培训内容开发操作模型,为面向企业培训内容开发的任务分析的概念模型走入实践提供"抓手"。该模型结合当前企业培训内容开发的发展趋势,主要通过规范化流程和支持工具两个维度来进行操作化,尝试建立起概念框架和实践之间的联系。这两章是针对任务分析存在的问题提出的问题解决方案,不仅有理论模型,也有可操作性框架,建立起了理论与实践的联结。

第五章是对基于任务分析的企业培训内容开发操作模型的进一步具体化。本章从目标任务确认、工作任务分析、培训任务确定和学习任务分析等环节一一展开,一方面进一步说明了操作模型各个环节的实施流程,另一方面也提供了支持性工具,使该模型更具操作性。本章的最后,我们结合案例来展示该模型的具体使用步骤,并提出了如何通过任务分析保证企业培训内容开发的质量。

第六章是总结与展望。本章是对本书内容的总结与深化,凝练出了面向企业培训内容开发的任务分析的设计原则,也指出了未来努力的方向。

整体来说,本书具有以下特色:

第一,本书从教育技术学专业的角度来思考如何进行企业培训内容开发。在面向企业培训内容开发操作模型的设计上,本书有绩效技术理论、系统教学设计理论做指导,使企业培训内容开发超越了经验总结的范畴,试图做到有据可依,有理论指导,也更有说服力。

第二,本书聚焦明确的应用情境,即企业培训内容开发,有清晰的实践导向。从构建概念模型到构建操作流程,再到提供方法工具,本书尝试建立起企业培训内容开发理论与实践的桥梁。

第三,本书跳出了人力资源管理领域对"工作分析"汇总介绍的模式,只聚焦在"利用任务分析提升企业培训内容开发的质量"这一主题,使任务分析方法落到实处,而非泛泛而谈。

第四,本书是原创性的以"面向企业培训内容开发的任务分析"为主题的著作,书中的概念模型、操作模型、方法工具都有一定的新意。

简而言之,本书内容详尽,从理论到实践完整地展示了面向企业培训内容开发的任务分析流程与方法,并且提供了简单易上手的工具,是一本可以指导企业培训内容开发的系统著作。本书适合各大院校教育技术学、人力资源开发、人力资源管理等相关专业师生教学或学习使用,也可作为企业培训实践人员的参考书目。

本书的出版来之不易,非常感谢我的导师刘美凤教授,是她引领我一步步开展任务分析的研究,在博士论文的完成和本书的撰写中给了我许多宝贵的指导和建议。非常感谢我曾经拜访过的多位教学设计学者和企业培训实践者,他们深厚的理论知识、丰富的实践经验和独特的人格魅力让我受益良多。感谢我的学生们,正是在一年一年的教学中,我对任务分析的研究与思考越来越深入。特别要感谢上海交通大学出版社的提文静老师,她为本书的出版给予了很多帮助与支持。此外,本书在撰写的过程中,也参阅了国内外大量的著作和文献,也谨在此向有关作者表示深深的感谢。然而,由于作者水平有限,书中难免有一些不足之处,敬请读者批评指正。

董丽丽

2021 年 7 月于上海外国语大学

目　录

第一章　任务分析导论 ·· (001)

　　第一节　"任务分析"相关概念 ························· (002)

　　第二节　教学设计中的任务分析 ····················· (007)

　　第三节　企业培训与任务分析 ······················· (028)

　　第四节　本书的结构与创新之处 ····················· (040)

第二章　企业培训内容开发方法概述 ··················· (044)

　　第一节　直接从培训总目标获得培训内容 ········· (045)

　　第二节　基于任务分析的培训内容开发 ············· (046)

　　第三节　基于胜任力模型的培训内容开发 ········· (057)

　　第四节　企业培训内容开发的现实与困境 ········· (061)

第三章　面向企业培训内容开发的任务分析概念模型 ·········· (073)

　　第一节　企业培训内容的再定义 ····················· (073)

　　第二节　工作任务分析的理论建构 ··················· (081)

第三节 学习任务分析的理论建构 ……………………………… （087）

第四节 概念模型的建构 ………………………………………… （093）

第四章 基于任务分析的企业培训内容开发操作模型 ……… （098）

第一节 企业培训内容开发的发展趋势 ………………………… （098）

第二节 基于任务分析的企业培训内容开发思路 ……………… （103）

第三节 以规范化流程为导向的操作模型的构建 ……………… （114）

第五章 基于任务分析的企业培训内容开发操作实务 ……… （119）

第一节 目标任务确认 …………………………………………… （119）

第二节 工作任务分析 …………………………………………… （138）

第三节 培训任务确定 …………………………………………… （146）

第四节 学习任务分析 …………………………………………… （155）

第五节 案例分析与质量控制 …………………………………… （170）

第六章 总结与展望 …………………………………………… （193）

第一节 本书的主要贡献 ………………………………………… （194）

第二节 面向企业培训内容开发的任务分析基本原则 ………… （196）

第三节 面向企业培训内容开发的任务分析的未来发展 ……… （199）

参考文献 ……………………………………………………… （204）

索引 …………………………………………………………… （220）

第一章
任务分析导论

　　任务分析(task analysis)是一个广泛使用的词汇。在不同的目的和情境下,任务分析的定义各不相同。一般来说,任务分析是为了达到系统目标,对操作者或操作团队需要做什么进行分析的过程。进行任务分析的目的有很多,主要包括:开展职位描述或职位分析,即系统分析组织中的职位,促使员工更高效地工作,进而提高组织绩效;设计人机交互,即对用户的需求和行为进行详细分析以更好地进行软件界面设计;设计不同形式的教学,如直接教学、培训、绩效支持和学习环境设计等。

　　在设计教学方面,任务分析一方面可以帮助识别符合教学总目标的教学内容,另一方面也可以为具体教学目标的编写和教学策略的制定提供依据。不少教学设计著作对任务分析的作用进行了阐述,如《设计有效教学》(*Designing Effective Instruction*)中提到,"如果没有任务分析,设计者对于内容的理解便会带有一定的模糊性,决策可能会缺乏应有的理性,甚至被想当然的经验代替"(Morrison et al.,2019);《教学设计中的任务分析》(*Task Analysis Methods for Instructional Design*)中指出,"无论是设计培训、绩效支持或开发学习环境,任务分析都是教学设计中唯一最重要的环节"(Jonassen et al.,1999)。

　　然而,"任务分析"相关概念众多且易混淆,如"工作分析""职位分析"

"主题分析"和"内容分析"等。为了方便读者理解与阅读,在本书的第一章,我们将对这些易混概念进行仔细区分与说明。此外,由于本书主要关注教学设计,特别是企业培训情境中的任务分析,因此,我们也将特别澄清任务分析在教学设计和企业培训中的内涵。需要说明的是,一些教学设计著作也将获取教学内容的过程称为"内容分析"(content analysis),而内容分析法同时也是一种对传播内容进行定量描述的研究方法,为了避免混淆,本书尽量避免使用这一名称。

第一节 "任务分析"相关概念

"任务分析"对应的英文词组为"task analysis",这里的"task"中文翻译为"任务",与之相关联的词语还有"job(工作)""occupation(职业)""position(职位/岗位)"。以上各词的认识模糊将导致对任务分析的不同理解。

一、"任务"关联概念辨析

"工作"是"任务"的第一个关联概念。"work"和"job"都翻译成"工作",非常容易混淆。一般来说,"work"指代广义的"工作",泛指目标定向的能为社会创造价值的人类活动,是人类将各种资源转变为产出的过程。而"job"则是具体的工作岗位,指在某个特定的雇佣关系中有着相同的工作活动的职位的集合。比如我们说"找工作",更多是找一个具体的工作岗位,找的是"job",指为换取报酬而进行的日常活动,尤指作为某人的手艺、行业或职业的工作;若你跟别人说"我在工作",这里的工作则是更加抽象的泛指,指的是"at work",多指生产或完成某物的体力的或脑力的努力或活动。在企业中,我们一般关注的是具体的特定的工作岗位,是基于特定工作的招聘、选拔、培训等目的,因此常用的是"工作分析",即"job analysis"一词。

有时"occupation"也用作"工作",比如"你是做什么工作的"。这里"occupation"指职业,指社会分工导致的个人在社会中所从事的作为主要生活来源的工作。不同的国民经济产业、行业领域中,有成千上万种不同的职业,比如教师、警察、医生、农民、记者等。职业是有着相类似的工作活动的工作的集合,即"occupation"是"job"的集合。

"职位"是"任务"的第二个关联概念。前面提到"job"是特定的雇佣关系中有着相同的工作活动的职位的集合,是主要或重要的任务很一致的职位群。而职位(position)则主要包含一个人需要做的任务和职责,即"job"是"position"的集合。比如,某组织可能雇用四个人完成内部审计的工作,但是每个人的职责不同,所以实际上有四个内部审计的职位(position),但是四位在职者却共有一个工作称谓。与之相应的,任务(task)是工作和职位的具体化,是指个体工作的一个具体单元,通常包括完成一项工作职责的逻辑的和必要的步骤(McCormick,1979)。上述诸概念间的关联关系如图 1-1 所示。

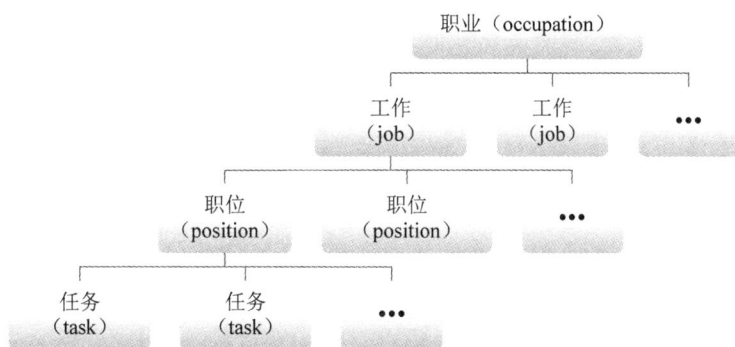

图 1-1 任务相关概念的关系

图 1-1 中,职业层是跨工作的,比如"教师"是一个职业,包含了"语文教师""数学教师"等各个工作;工作又是跨职位的,职位是以特定的雇佣关系为准,如"语文教师"又包含了某市某学校某年级某班的语文教师;职位下包含了很多任务,比如某市某学校某年级某班的语文教师的任务包括教授汉

语拼音、教授识字等任务。

在明确了任务与职业、工作、职位之间的层级关系后,为了更好地了解任务分析,我们来进一步界定什么是任务。关于任务的定义主要有以下几种。

任务是个人完成某一目标的一系列相关活动,其中包括决策、概念和(或)体力活动(U.S.Air Force,1973)。

任务是指个体工作的一个具体单元,通常包括完成一项工作职责的逻辑的和必要的步骤,一般有一个可辨别的起点和终点(McCormick,1979)。

任务是具体工作行为的简单单元,包括明确的可观察或可测量的起点和终点(Department of Defense,2001)。

《DACUM手册》(*DACUM Handbook*)中仔细区分了工作(job)、职责(duty)、任务(task)和步骤(step)四个概念,与我们前面的界定基本一致,但更加细化。即工作通常包括很多职责,而职责是相互关联的任务的聚类,是一个责任领域,是一个能够体现绩效的一系列相关任务集合;任务是具体的有意义的工作单元,有明确的起点与终点,持续2个以上的步骤,产出是一个产品、服务或是决定,能够被观察和衡量到;步骤是执行某一任务所需的具体的因素或活动,是一个行动、操作或者活动,是任务的逻辑成分(Norton,1997)。如图1-2所示。

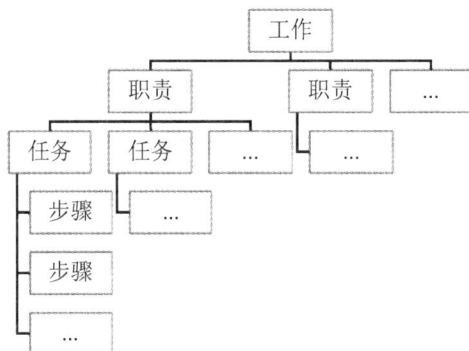

图1-2　DACUM中的"任务"

综合以上定义我们发现,任务是完成工作职责的一系列活动、步骤、行为的单元。任务有大有小,复杂程度各异,其中的行为活动有些是可观察的,有些是不可观察的。

在职业教育中还有"典型工作任务"(professional tasks)这一专有名词,为了避免混淆,我们在这里做一下澄清。"典型工作任务"也被称为"职业行动领域",是职业行动中的具体工作领域,是工作过程中结构完整的综合性任务,反映了该职业典型的工作内容和工作方式。"典型工作任务"来源于企业实践,是针对职业而言的,但又与实际的岗位任务不同。最重要的区别是,岗位任务具有很强的岗位针对性,而"典型工作任务"则不一定是企业真实岗位任务的忠实再现。通常一个职业教育专业面向多个岗位,学生学习的"典型工作任务"很可能不是某个个体在日常工作中完成的任务,也不是某个职业岗位的职责,而是整个岗位群的功能。一般学生完成典型工作任务的学习后,可从事多个岗位的工作(赵志群,2010;徐国庆,2014)。本书中的"任务"是实际的岗位任务,而非"典型工作任务"。

二、"工作分析"的概念释义

前面我们辨析了"任务"相关的概念,这里我们进一步明确"工作分析"的涵义,为后续任务分析的界定打下基础。

"工作分析"对应的英文是"job analysis",也被称为"职务分析"和"岗位分析"。通过调研我们发现,虽然只是中文翻译时选择的用词不同,但不同的翻译其实也代表了不同的认识。

不少学者认为"工作分析"即通过描述工作的内容或特性以及确定完成该工作的人应具备的资格条件,为人员的录用和配置、绩效考核、薪酬制定、晋升等提供依据(Lopez et al.,1981;Mondy et al.,2002)。而"职务分析",即通过获取职务各要素的信息,来概括出职务特征(徐联仓,1993)。与前面不同的是,"岗位分析"的观点主要源自实践工作者,是对处于特定的生产组织中的工作岗位的分析,包括该岗位需要承担的工作任务,以及具有的职务、责任和权限等。

也有研究者对以上几种翻译采取了兼收并蓄的态度。彭剑锋(2018)认为"职位分析"又称为"职务分析"或"工作分析",是人力资源管理的一项核心基础职能,是一种应用系统方法,收集、分析、确定组织中职位的定位、目标、工作内容、职责权限、工作关系、业绩标准、人员要求等基础因素的过程。

前面我们已经辨析过"job"(工作)是主要或重要的任务很一致的职位群,是职位(position)的集合。然而,"position"在不同的场合的翻译存在一些差异,如工商企业称为"岗位",政府机构称之为"职位",而"职务"通常被看作是"岗位"或"职位"的构成要素。由此可见,工作分析是一个更加全面的概念,包含了岗位分析和职位分析,而岗位和职位分析时会涉及相应的职务分析。在实际操作中,我们一般会针对某一特定的岗位或者职位进行分析,因此,本书认为,将"job analysis"视为是"岗位/职位分析"更加符合实际。本书中,"岗位/职位分析"是任务分析的重要组成部分,是对具体岗位的人们需要做什么,如何做,以及他们做完以后所达到的结果进行系统了解的过程(Denis,1992)。

小结

✓ 一般来说,任务分析是详细描述任务是怎样完成的分析过程。进行任务分析的目的有很多,包括:①开展职位描述或职位分析;②设计人机交互;③设计不同形式的教学等。

✓ 职业(occupation)层是跨工作(job)的,一个职业(occupation)包含了多个工作(job);工作(job)又是跨职位(position)的,职位是以特定的雇佣关系为准;职位(position)下包含了很多任务(task)。

✓ "work"指代广义的"工作",而"job"则是具体的工作岗位。本书关注的是具体的特定的工作岗位的培训内容开发,关注的是"job"而非"work"。

✓ 任务是完成工作职责的一系列活动、步骤、行为的单元。任务有大有小,复杂程度各异,其中的行为活动有些是可观察的,有些是不可观察的。

✓ 典型工作任务与实际的岗位任务不同。岗位任务具有很强的岗位针对性,典型工作任务会面向多个岗位,具体工作岗位是不确定的。

✓ 本书将"job analysis"视为是"岗位/职位分析",是任务分析的重要组成部分,是对具体岗位的人们需要做什么,如何做,以及他们做完以后所达到的结果进行系统了解的过程。

第二节　教学设计中的任务分析

如前面所说,"任务分析"涉及人力资源管理、人机交互等多个应用领域。概括地说,任务分析是详细描述任务是怎样完成的分析过程,包括体力和精神活动、任务持续时间、任务频率、任务分配、任务的复杂性、环境条件、必要的服装和设备要求,以及对任何其他影响任务的独特因素的分析(Kirwan & Ainsworth,1992)。

然而,不同目的下进行的任务分析的关注点有所差异,如以人机交互设计为目的的任务分析是为任务建模服务的,需要从人和计算机两方面入手,来分析系统交互任务,明确各自承担或共同完成的任务,然后进行功能分解,制定数据流图,并勾画出任务网络图或任务列表。而教学设计中的任务分析则是为了确定:①学习目标;②工作、技能、学习目标的操作成分;③某项工作或任务的知识成分;④适合教学的那些任务、技能或者目标;⑤教学内容的先后顺序,甚至包括教学策略、教学媒体、教学活动和教学评价的确定等(Jonassen et al.,1999)。

本章我们将介绍教学设计中的任务分析。首先,我们介绍作为教学设计环节的"任务分析"的内涵,并借助教学设计胜任力标准来认识任务分析在教学设计中的功能与地位;其次,我们来认识以乔纳森提出的广义任务分析分类;最后,我们剖析与回应对以 ADDIE 模型为基础的教学设计模型的质疑。

一、作为教学设计环节的"任务分析"

教学设计(instructional design,ID),也称为教学系统设计(instructional system design,ISD),起源于 20 世纪 60 年代,是一种分析和解决教学问题的系统方法。教学设计主要涉及三大问题:要学什么,如何去学以及如何判断已经达到学习效果,其目的是最大限度地使学习效果好、效率高和吸引人。当前存在许多教学设计过程模型,且大都是基于 ADDIE 模型产生的各种变式。总的来说,教学设计过程模型包括分析(analyze)、设计(design)、开发(develop)、实施(implement)和评估(evaluate)五个要素。其中分析要素是对教学所要达到的目标、任务、受众、环境等的一系列分析,包括学习需求分析、环境分析、学习者分析、任务分析等;设计要素是对将要进行的教学活动进行设计的过程,包括教学内容、教学策略、考核方案的设计等;开发要素依据已经设计好的内容框架和评估方案,进一步进行相应的课程内容或学习资源的编写、测试题的编制等;实施要素是对已开发的课程进行教学实施,主要指实施教学方案;评价要素是对教学课程和学习效果进行评估,包括评价教学和学习效果,修订教学设计方案等。五个要素中,分析与设计是前提,开发与实施是核心,评估是保证。各个要素相互联系形成系统关联,一定程度上避免了教学的盲目性和片面性,使教学可以真正关注现实需求,并对教学质量有一定的保障。

任务分析是教学设计中的一个重要环节,在不同的教学设计模型中都有涉及,但名称各异。图 1-3 史密斯—雷根教学设计模型中的"学习任务分析"(learning task analysis)(Smith,& Ragan,2005),图 1-4 迪克凯瑞教学设计模型中的"教学分析"(instructional analysis)(Dick et al.,2015),以及图 1-5 以肯普模型为基础的教学设计模型中的"任务分析"(Morrison et al.,2019)等均指本书中的"任务分析"。

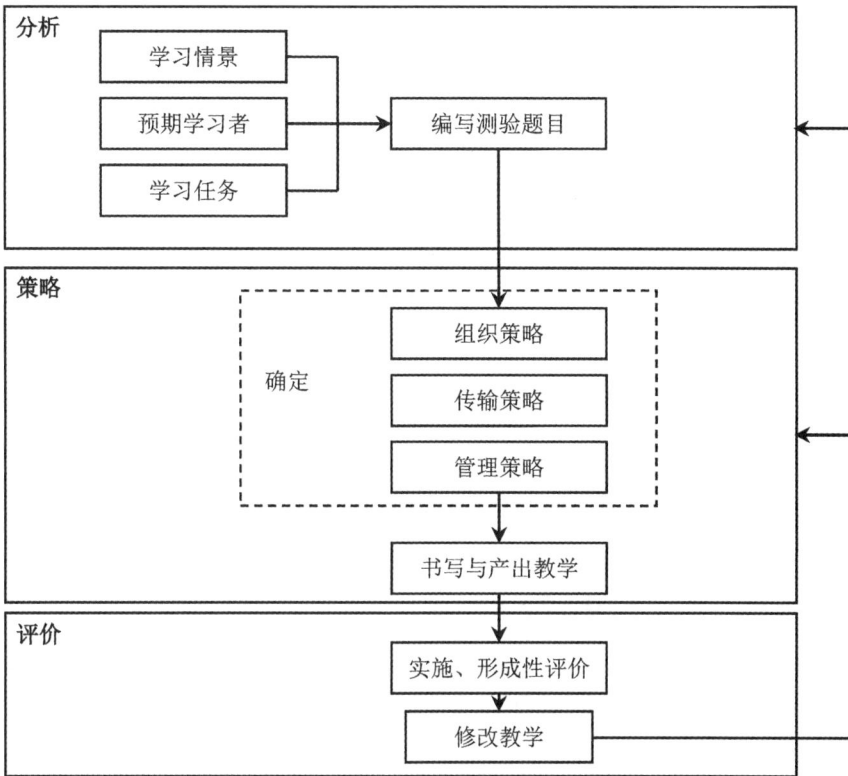

图 1‐3 史密斯—雷根教学设计模型

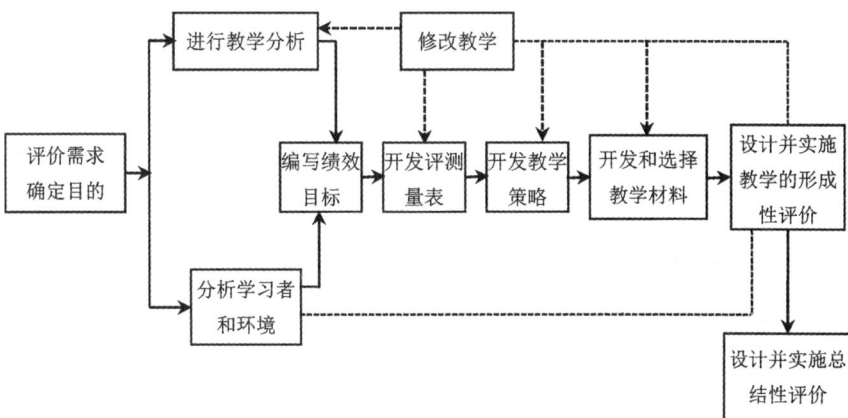

图 1‐4 迪克凯瑞教学设计模型

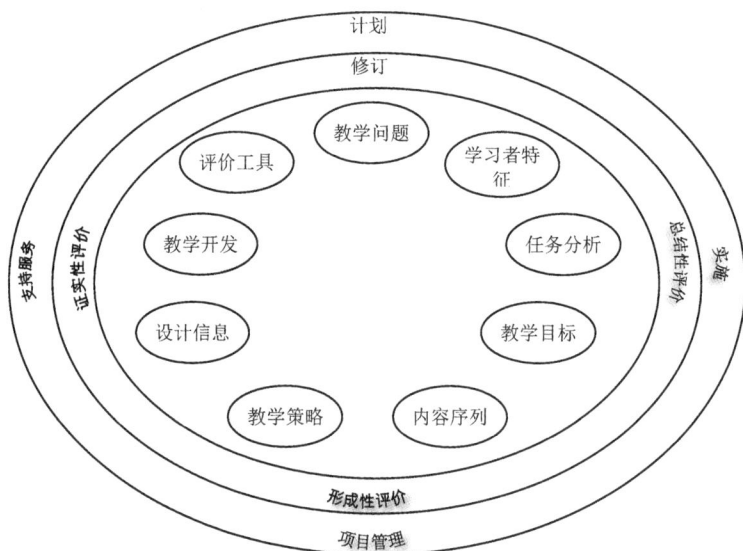

图 1-5　莫瑞森等教学设计模型（以肯普模型为基础）

在各种教学设计模型中,任务分析的目的基本一致,即在已经通过学习需求分析确定了教学总目标的前提下,进一步获得具有一定效度和信度的学习者需要学习的知识、技能和态度等内容。也就是说,任务分析结果既要与教学总目标保持一致,又要建立工作任务与具体教学目标的关联,最终使得教学内容与工作需求相匹配。教学设计中的任务分析所处的位置如图 1-6所示。

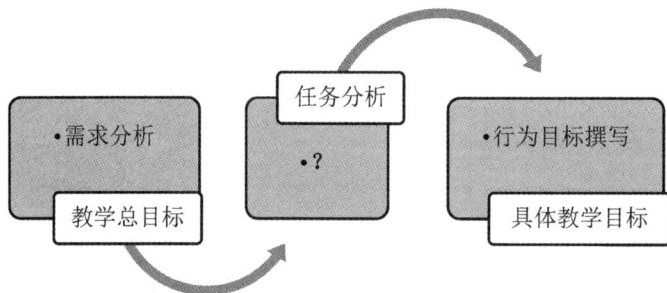

图 1-6　教学设计中的"任务分析"

从图 1-6 我们可以看出,教学设计中的任务分析处于教学总目标和具体教学目标之间,具有承上启下的作用。根据教学设计流程,教学总目标一般是由需求分析获得的。需求分析不仅要明确需求是否真实存在,如果需求存在还要判断各项需求的紧急重要程度,而且还要确定"学习"是否是已辨别出的"需求"的解决方案。需求分析的最终结果是按紧急重要程度排列的教学总目标。教学总目标初步确定了项目的范围,为任务分析提供最初的方向和广度。最终的任务分析的输出是与需求分析结果相对应的教学内容。这一输出结果将为具体教学目标的撰写提供依据。此外,学习者分析结果对任务分析也有重要的参考作用。了解学习者与主题相关的知识和背景有助于教学设计师确定任务分析的起点以及分析的深度和广度。

需要说明的是,对应教学设计的两个层次,作为教学设计环节的任务分析也有广义与侠义之分。教学设计可分为宏观和微观两个层次,规模大的项目如一门课程、一个专业的教学计划等属于宏观层次;一个单元、一堂课,甚至几个知识点属于微观层次。相应地,学习内容有一定的结构层次,大致分为课程(指狭义的课程)、单元和项目(项目可以是一个知识点,也可以是一项技能)等层次(乌美娜,1994)。其中,广义的任务分析指课程层次的教学设计中学习内容分析环节;狭义的任务分析指单元、课堂层次的学习内容分析环节。课程的学习任务分析更多是根据粗略估计的学习者初始水平,找出该内容所包含的知识和技能。课堂层次的学习任务分析可能还需要仔细剖析促使目标达成的有效学习条件,仔细了解学习者的初始能力,以及相应的支持性条件等等。

二、任务分析与教学设计胜任力标准

分析完任务分析在教学设计中所处的位置,我们进一步从职业胜任力的角度来看任务分析阶段的主要工作。

在北美地区,教学设计师是教育技术学专业毕业生的主流职业选择,主要从事教学设计与开发、教师培训或员工培训等工作。美国高等院校、企业和政府部门中均设有这一岗位。当前随着越来越多的企业将传统的面授培训转变为在线、混合和其他基于技术的学习或培训,教学设计师这一岗位越发受到关注。在国内,教育技术学专业出身的教学设计师也正在就业市场上占据越来越大的比例,相关的就业职位包括:课程设计师、教学体验设计师、人才发展专员、绩效技术专家、绩效咨询师、培训师、教学设计项目主管、线上教学设计官、首席学习官等。

除拥有大量的从业者外,作为一个专业领域,教学设计本身也意味着一系列定义明确的胜任力和标准。胜任力是专业人员在其角色中所需的知识、技能和能力,而标准是指这些胜任力素质的预定义水平。能力和标准是对领域专业人员的基本要求。当前,一些专业组织已经开发了相关的教学设计胜任力标准,并已经在进行教学设计师的认证。如"国际培训、绩效与教学标准委员会"(International Board of Standards for Training, Performance and Instruction,简称 IBSTPI),"人才发展协会"(Association for Talent Development,简称 ATD),"教育传播与技术协会"(Association for Educational Communications and Technology,简称 AECT)等。考虑到大众接受度、影响力和时效性等因素,我们以《IBSTPI 教学设计胜任力标准(2012 版)》(2012 IBSTPI Instructional Design Competencies)为样本来了解教学设计师所需的胜任力。

"国际培训、绩效与教学标准委员会"(IBSTPI)主要致力于开发、验证国际教学设计师胜任力标准并促进其实施以提高培训、教学与学习的绩效。该委员会 1984 年成立,1986 年即开发了教学设计胜任力标准,并先后于2001 年和 2012 年进行了修订。最新版为 2012 年版本,其提出的教学设计胜任力标准已成为国际上的权威性标准,是许多国家制订本国标准的样本和参照。

"国际培训、绩效与教学标准委员会"将教学设计师定义为"无论其职位或培训情况如何,所有在工作中表现出教学设计胜任力的人"。胜任力是"一个人有效执行给定活动,达到工作预期标准所需的知识、技能或态度"。

2012 年新版标准包括"专业基础""计划与分析""设计与开发""评价与实施领域"和"管理领域"5 个领域,共有 22 项大类标准及 105 个子条目。在五个能力领域中,每项能力标准又细分为教学设计师所必须掌握的基本能力(标记为"基本级"),即最低的从业标准;要成为高水平或专家型教学设计师所需掌握的高级能力(标记为"高级级");以及作为设计或教学项目的管理型设计师所需掌握的管理能力(标记为"管理级")。如表 1 - 1 所示。

表 1 - 1　IBSTPI 教学设计能力标准(2012 年版)

五大领域	22 条胜任力	专业水平
专业基础	1. 以视觉、口头和书面形式进行有效沟通	基本
	2. 将研究和理论应用于教学设计学科	高级
	3. 更新和改进与教学设计过程及相关领域有关的知识、技能和态度	基本
	4. 在教学设计项目中运用数据收集和分析技能	高级
	5. 识别并回应工作场所中设计的伦理、法律和政治影响	基本
计划和分析	6. 进行需求评估,以推荐适当的设计解决方案和策略	高级
	7. 确定并描述目标人群和环境特征	基本
	8. 选择并使用分析技术来确定教学内容	基本
	9. 分析现有技术和新兴技术的特征及其潜在用途	基本
设计与开发	10. 使用适合给定项目的教学设计和开发过程	基本
	11. 组织教学项目和/或产品,以进行设计、开发和评估	基本
	12. 设计教学型干预措施	基本
	13. 计划非教学型干预措施	高级
	14. 选择或修改现有的教学材料	基本
	15. 开发教学材料	基本
	16. 设计学习评估	高级

（续表）

五大领域	22条胜任力	专业水平
评价和实施	17. 评估教学和非教学型干预措施	高级
	18. 根据数据修订教学和非教学解决方案	基本
	19. 实施、传播和推广指导性和非指导性干预措施	高级
管理	20. 将业务技能应用于管理教学设计功能	管理
	21. 管理伙伴关系和合作关系	管理
	22. 规划和管理教学设计项目	高级

　　一方面，秉持"工作环境常常塑造设计实践"的观念，"国际培训、绩效与教学标准委员会"从从事政府、军方、非营利组织、企业、教育或作为独立顾问的教学设计师那里寻求意见，描述了在不同环境中教学设计师所真实从事的工作。另一方面，"国际培训、绩效与教学标准委员会"特别提到"教学设计领域的广度、深度和复杂性都在增长，没有人能够完全胜任所有相关的技能和知识"。因此，除了基于现实实践制定基本胜任力要求外，"国际培训、绩效与教学标准委员会"还试图建立专家行为标准，以促进该领域的发展。教学设计师可以将这些能力作为评估其专业能力的参考标准。

　　作为"计划和分析"领域的重要组成部分，"8.选择并使用分析技术来确定教学内容"属于本书所指的"教学设计中的任务分析"，要求教学设计师识别出与需求分析阶段相匹配的内容，具体包括：①根据需求评估结果确定所需内容的范围（基本）；②从学科专家（企业中为"业务专家"）那里获取、汇总和验证内容（基本）；③分析现有的教学产品，以确定内容、教学和学习是否适当（基本）；④确定内容的广度和深度（基本）；⑤确定从属和先决技能和知识（基本）；⑥使用适当的技术分析各种类型和各种来源的内容（基本）（Koszalka et al.，2013）。这一胜任力属于教学设计师应该具备的基本能力。

　　同样地，瑞奇等人（Richey et al.，2001）的经典著作《教学设计能力：标准》（第3版）也确定了23种完成教学设计工作应该具备的能力，每种能力包括若干行为表现。其中一种重要能力为"能够选择和应用各种技术来确定教学内容",具体包括：

✓ 识别与需求分析结果相对应的内容要求(基本能力)；

✓ 引出、综合并验证从学科专家(企业中为"业务专家")或其他来源获得的内容(高级能力)；

✓ 在确定的教学限制条件下,决定教学内容覆盖的广度和深度(高级能力)；

✓ 在确定的主题、学习者和组织需求的条件下,确定主题的先决知识(基本能力)；

✓ 使用合适的技术来分析各种类型的内容(基本能力)。

IBSTPI 教学设计能力标准(2012 年版)与瑞奇等人提出的教学设计人员胜任力标准基本一致,只是把所有能力都认定为了基本能力,可见"能够选择和应用各种技术来确定教学内容"已经成为教学设计师的必备基本能力。以上各种能力表述既是对教学设计师的能力要求,也从侧面反映了以教学为目的的任务分析应包含的各项工作。

三、乔纳森的广义任务分析

本章前面的论述都是将任务分析作为教学设计的过程环节来展开的。这也是教学设计领域的大多数研究者对任务分析所持有的观点。实际上,20 多年前,美国教学设计专家戴维·乔纳森(David H.Jonassen)等在其所著的《教学设计中的任务分析方法》一书中,曾提出过另外一种观点,即把"任务分析"当成一个统称,而非一个教学设计环节,书中的任务分析分为五大类,包括职位或绩效分析(job/performance analysis)、学习分析(learning analysis)、认知任务分析(cognitive task analysis)、主题或内容分析(subject matter/content analysis)和活动分析(activity analysis),如图 1-7 所示。

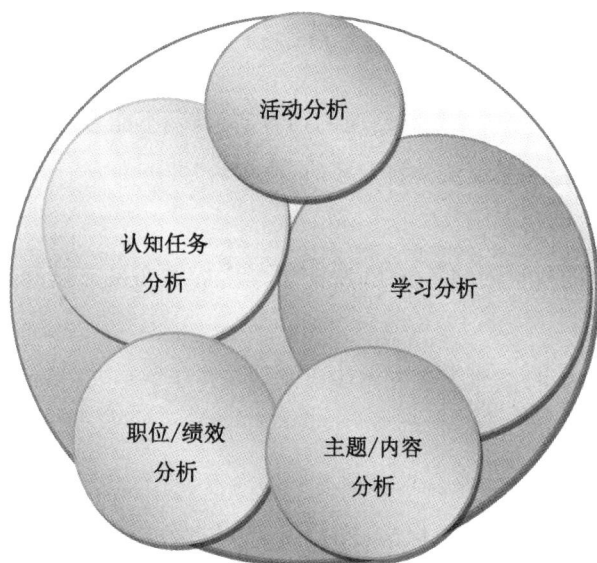

图 1-7　乔纳森的"任务分析"分类

　　其中,职位或绩效分析主要关注与绩效相关的行为;主题/内容分析主要关注主题内容包含的概念以及概念之间的关系;学习分析主要关注有效学习相关联的各种认知活动;活动分析关注情境中人的活动和理解;认知任务分析关注行为及其相关的知识状态。此外,针对每一种任务分析类型,乔纳森书中还详细介绍了对应的任务分析方法,其中职位或绩效分析 4 种,学习分析 3 种,认知任务分析 5 种,活动分析 4 种,主题/内容分析 5 种,共计21 种任务分析方法(见表 1-2)。

表 1-2　乔纳森提出的任务分析方法

任务分析分类	简　　介
职位或绩效分析(4 种)	包括岗位描述、程序分析、工作任务分析、职能工作分析等方法,主要目的是促进提高工作绩效,主要关注与工作绩效相关的行为

（续表）

任务分析分类	简　　介
学习分析（3种）	包括学习层级分析、信息加工分析、学习相关分析等方法。这类任务分析的主要目的是更好地促进学习，分析出的任务或内容可能并不与工作绩效相关
认知任务分析（5种）	包括 GOMS（目标、算子、方法和选择）、PARI（预测、行动、结果和解释）、DNA（分解、网络与评估）、认知模拟、基于案例的推理等方法，主要关注行为背后的知识、技能
活动分析（4种）	包括活动理论、语法分析、关键事件/关键决策法、任务知识结构等方法，集中分析人是如何活动的及影响这些活动的社会因素
主题或内容分析（5种）	包括概念地图、掌握设计图、矩阵分析、凯利方格技术、错误树分析等方法，是作为课程计划工具而发展起来的方法

　　事实上，乔纳森的任务分析分类涉及了多种不同类型的任务分析类型，而各种任务分析类型出现的时间也存在很大差异。任务分析类型发展的历史脉络，如图1-8所示。

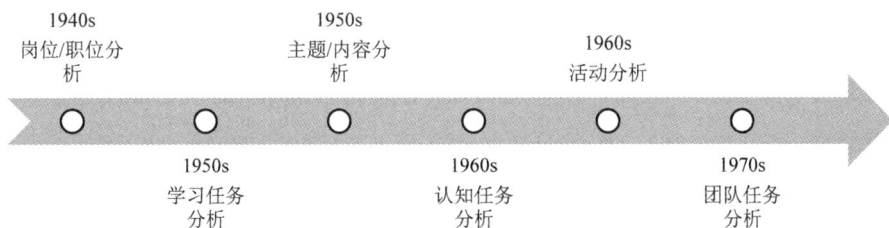

图 1-8　任务分析发展的历史脉络

（一）岗位/职位分析

　　工业革命以来，用人单位开始关注如何把工作分解为具体的子任务。这成为任务分析研究的起点。20世纪初，"科学管理之父"泰勒试图系统分析工人行为，期望通过科学化管理来提高工厂产量（Annett & Stanton，2000）。泰勒等早期研究者的研究工作展现了工作中包含的很多不同成分，这些成分进一步被分解为任务和子任务。这一思想为工作分析（本书称为"岗位/职位分析"，下同）和任务分析奠定了基础。当时提出的一些问题，如今仍然是任务分析需要关注的重要问题。

✓ 这项工作需要做什么？

✓ 我们如何衡量工作的质量？

✓ 在什么条件下完成这项工作？

✓ 需要什么来完成这项工作？

✓ 如何衡量工作绩效？

20 世纪上半叶，心理学家主要关注可观察的行为。以华生和斯金纳为代表的心理学家认为，只有通过对具体刺激相关的可观察的和可测量的结果的分析，才能真正科学地理解行为，他们并不关心那些不可观测的心理认知过程。就像科学管理的先驱们一样，行为主义心理学家也尝试应用行为心理学来分析行为的条件和结果。行为心理学统治美国心理学长达半个世纪，他们认为工作是各种工作成分的组装，而人类行为只是针对特定刺激条件做出的特定行为的集合。

20 世纪 40 至 50 年代，现代的岗位/职位分析和任务分析萌芽。战争的爆发极大地推动了工业心理学的发展，也促进了岗位/职位分析方法的应用，如有研究者将岗位/职位分析应用于军人的测评与选拔。与此同时，第二次世界大战需要迅速培训大量人才来操作复杂的设备。工程师、心理学家和军事专家被召集到一起研究如何改进设备的设计，以及如何培训人们来使用这些设备。专家们首先需要做的即确定要培训哪些任务以及培训谁。这就需要获得某项工作或者职责的详细任务列表。一旦任务确定，分析师就可以搜集关于任务的各项信息。至此，岗位/职位分析方法得到快速发展与应用，由于其结果可以确定工作的构成要素以及能够胜任的工作者的条件，而得到了更大范围的应用。

泰勒的理论是乔纳森提出的第一类任务分析(即工作或绩效分析)的先导。最初的职位分析主要用来描述完成某一工作所需的各个简单行为,职位分析也被用来规划技术培训。在目前的工业岗位上,虽然工作/岗位设计的复杂性和结构化成分越来越高,然而职位分析仍然是其中不可或缺的重要环节(Jonassen et al.,1999)。

(二)主题/内容分析

在 20 世纪 50 年代和 60 年代主题/内容分析开始被用于教育中的课程规划。这涉及如何进行任务分析,使某一内容分解为最基本的成分,并确定这些成分如何与其他内容建立联系(Bell et al.,2009)。19 世纪 60 年代,布鲁纳和他的弟子开始关注学习结构,并用来进行课程规划。主题/内容分析不仅关注学科内容有哪些内容成分,而且关注这些内容成分之间的相互关系,因此成为结构化教学中广泛流行的方法。

(三)学习分析

第二次世界大战之后,人类绩效技术的形成极大地促进了教学系统设计方法的发展(Branson et al.,1975)。"教学系统设计"当时也被称为培训的系统方法。到 19 世纪 70 年代后期,美国很多军队、大学、企业或者其他培训教育部门都开始采用系统教学设计方法。这些教学系统设计方法(或者培训的系统方法)把任务分析作为开发教学和培训的一个重要阶段。蒙特莫罗和坦尼森(Montemerlo & Tennyson,1976)指出,从 1951 到 1976 年,超过一百本不同的系统教学开发手册面世,大多数手册里都包含了任务分析。安德森和古德森(Andrews & Goodson, 1980)核查了 60 种教学设计模型,结果发现 75% 的模型中包含任务分析阶段。其中,20 世纪 60 年代引发了学习心理学的另一场革命,因此出现了任务分析的另一种形式——学习分析。这种分析主要关注人们在完成特定任务时,需要学会处理哪些信息。学习层级分析、信息加工分析和路径分析都是这个时期的产物。

(四)认知任务分析

在 1950 到 1970 年,由于对行为主义的日渐不满,以及系统工程和信息理论的快速增长,认知心理学应运而生。认知心理学认为,人类是一个信息处理器,并且强调高层次的心理认知过程是熟练行为的关键组成部分。其结果是,人类行为涉及各种各样的过程,比如认知、模式识别、意向、记忆存储、知识检索、心理计算、推理和抉择,以及外在的行为。这为任务分析提供了新的视角,进而出现了以识别任务的认知成分为主要目的的认知任务分析技术。认知任务分析是从学习分析这一类任务分析中进化而来。认知任务分析植根于认知心理学,认知心理学是研究意识、记忆、思维和问题解决等智力过程的科学(Bell et al.,2009)。认知任务分析方法的发展主要得益于两方面的努力:一是设计智能导师系统的军事行动,二是人机交互的研究推动(Jonassen et al.,1999)。认知任务分析与学习任务分析在基本假设和方法上都存在很大区别,因此自成一派。当今工作场所的工作包含了更多的复杂认知任务,迫切需要认知任务分析作为传统任务分析的补充,也渐渐成为共识(Bartram,2004;Chipman et al.,2000;Sackett & Laczo,2003)。

（五）活动分析

20世纪60年代,随着人类学方法被引进用来分析学习过程,一些研究者开始关注人类活动的情境和日常观念。这就是活动分析。活动分析主要研究人们如何在自然环境中活动,哪些社会和环境因素会影响人们的表现。

（六）团队任务分析

20世纪70年代,一些研究开始关注组织或群体中的任务分析。研究群体行为的学者认为,作为团体活动过程的一部分,团体成员如何互动和表现起到特别重要的作用。团体支持系统(group support system,GSS)的文献也强调了任务的重要性,并从80年代中期到90年代中期,开发了已经被广泛应用的任务分类体系。

20世纪90年代后期,很多理论针对如何在团队支持系统(GSS)内整合任务和技术进行了探讨。该理论声称,任务描述是所有GSS环境的重要组成部分,而技术是与具体的要执行的任务的要求相关联的。然而如何更好地开展团队任务分析还需要进一步研究,这也是当前任务分析研究领域的一个重点和难点。

四、对 ADDIE 的质疑与回应

这一节我们关注的是教学设计中的任务分析,着重讨论了作为任务分析在教学设计中的位置与作用。正如我们前面提到的,大多数教学设计模型是以 ADDIE 模型为基础产生的各种变式。然而自 2000 年以来,关于 ADDIE 的质疑不断出现,教学设计的支持者和持相反观点的怀疑者仍在各种场合进行着争论与较量。最初,戈登和泽克(Gordon & Zemke,2000)在《培训》(*Training*)杂志上发表文章提出"对教学系统设计的攻击"(the attack on ISD),引发了持续多年的论战。2012 年,《走出 ADDIE 遇见 SAM——一种培养最佳学习体验的敏捷模型》(*Leaving ADDIE for SAM: An Agile Model for Developing the Best Learning Experiences*)问世,该书旗帜鲜明地指出 ADDIE 是敏捷迭代模型诞生前的产物,它的黄金时期已经过去,而 SAM(successive approximation model,逐渐逼近模型)为主的敏捷迭代模型可以简化教学设计和开发,生产更多充满活力且有效的学习体验(Allen,2012)。当前,关于 ADDIE 的论战仍在持续。

当前对 ADDIE 模型的批判主要集中在以下几点:①ADDIE 模型的实施过程过于僵化,对设计过程中的各种复杂变化无法做出及时应对;②ADDIE模型基于对需求的全面分析,历经设计、开发、实施,然后才传授给学习者,其后寻找方法对其进行评价,过程缓慢、冗长而费时;③ADDIE 模型将重点放在过程的详细介绍上,却没有精确地呈现教学设计师开展工作的方法。

基于这些批判,近年来也出现了一些新的模型,如 SAM 模型、AGILE 模型、6D 法则等,试图解决 ADDIE 模型线性、复杂、周期长等问题。SAM 模型强调课程开发的持续优化与改进,呼吁多方参与,发挥团队协调优势共同完成课程开发。与 SAM 模型类似,Agile 模型关注迅速发展的网络社会的需要,强调快速设计与反馈,以更好地适应社会和企业变化,更好地为公司创造价值。6D 法则是对 ADDIE 模型的延伸,特别关注培训效果转化,为提高企业培训的投资回报率提供了流程与工具。

然而,事实的真相往往并不是非黑即白的。在本书看来,以 ADDIE 模型为基础的传统教学设计模型如同其他新模型一样,本身有其价值,同时也有其局限或不足。也许充分认识各种模型之间的差异才是我们真正应该做的事情。因此,以下段落我们对基于 ADDIE 的教学设计模型的质疑进行分析和回应,试图给读者们一些启发。

(一)质疑一:基于 ADDIE 的教学设计模型过于线性僵化

系统设计方法要求设计者了解所有组件如何协同工作以影响最终结果。以迪克凯瑞模型为例,该模型主要包括以下成分:确定教学目标,进行教学分析,分析学习者及情境,书写行为表现目标,开发评估工具,开发教学策略,开发和选择教学材料,设计和实施教学的形成性评价,在形成性评价的基础上修订课程,设计并实施总结性评价。像大多数教学设计模型一样,迪克凯瑞模型以流程图的形式出现,整个教学设计流程看起来好像是线性的,一个环节的输出是另一个环节的输入,各个环节协同配合完成教学设计工作。简单来说,教学设计师首先要通过需求评估或其他方法确定教学目标,随后从教学目标出发进行教学分析(即本书中的任务分析),以确定实现目标所需的教学内容。与此同时,还必须完成学习者分析和学习环境分析。分析阶段完成后,教学设计师要依据获得的分析结果书写行为表现目标,并根据目标开发评估工具和决定使用什么样的教学策略,随后选择或开发学习材料,实施教学。正是这种看似流程化的开发模式,引发了一些人批评以 ADDIE 为基础的教学系统设计模型是机械的、线性的和僵化的。

事实上,针对这一批判,迪克和凯瑞等在其书中回应说,他们的模型是为了帮助新手设计师开始教学设计过程,从来没有打算直接反映教学设计师的实际工作。他们只是提供了一个类似于菜谱式的通用性的系统方法模型,告诉你先做什么,后做什么。本质上,在做菜时,你使用自己的厨房、自己的配料,按照自己的口味来烹制,最终做出的是具有独特特征的菜。该模型只是一个参考框架，来支持初学者进行分析、设计、开发、实施和评价工作。当你成为熟练的教学设计实践者时，你会用自己独特的解决策略，而不是照搬这一参考框架。

而系统方法的成功之处在于目标明确，而且各成分之间细致关联。教学从目标出发，在一开始就关注学习者要达到怎样的目标，随后教学目标、教学内容、教学策略之间相互关联，而且整个过程不断重复优化，直到达到理想的效果。这不是机械的，而是一种探索性的问题解决技术，它使用评估和反馈，具有一定的迭代性。

此外，也有一些教学设计模型不是流程图的样子，不只遵循单一的线性路径，放弃采用一系列方框和箭头，更加灵活。如莫瑞森等教学设计模型（以肯普模型为基础）用椭圆形来表示连续的周期的过程，没有起点和终点，设计师可以自由地从任何阶段开始，并在他们认为必要时跳过阶段。教学设计师的工作风格、主题的性质、环境约束和学习者的需求都会影响模型中各要素。教学设计不是孤立地、机械化地看待各个要素，而是要综合地看待各个要素，使其协同工作。

（二）质疑二：基于 ADDIE 的教学设计模型过于费时且缺乏创造性

ADDIE 模型从诞生之日起就在美国陆军得到了极大的成功，随后也很快被美国海军和空军采用。经过半个多世纪的发展，教学系统设计在企业和军事领域得到了广泛应用，也取得了很好的效果。但有一些学校教师反映称"这太花时间和精力了，我永远不可能用这种方法来准备所有的教学"。戈登和泽克（Gordon & Zemke, 2000）也批评教学设计操作复杂、耗时太久且缺乏创造性。针对耗时长的问题，迪克和凯瑞等在其书中回应说，他们的模型由于要收集数据以决定哪些部分导致教学效果不佳，并对其进行修改，直到能达到满意的效果，这的确需要投入时间。然而，所设计的教学并不是只用一次，而是要用到尽可能多的场合，适合尽可能多的学习者。因为是可以重复使用的，所以值得花些时间和精力去评估和修改。换种方式来说，开发有效的可重复使用的教学产品也许更适合采用系统化方法。

针对缺少创造性的问题,莫瑞森等回应称,在塑造一件艺术品时,艺术家需要创造性地运用许多被广泛接受的设计元素,如统一、强调、平衡、空间、形状、色彩等。同样的原则也适用于教学设计。教学设计师也需要创造性地应用学习原则,同时考虑到单个组件的特性以及可能约束设计的元素之间的必要关系,综合考虑教学过程中的所有要素来设计一个创造性的教学方法(Morrison et al., 2019)。而其中的各个设计元素,也可以通过富有想象力和创造性的方式进行开发和操作。尽管很多人都了解教学设计要素和操作流程,但创新和创造性的方法来自教学设计师如何应用这个过程。两个人教授相同的科目或主题,实现同样的教学目标却很可能会设计出不同的教学方案。两者也都可能使学生获得同样满意的学习效果。这一过程要求学生与教师之间、学生与内容之间进行动态互动,并可开展不同的活动来满足这些需求。这个过程鼓励创造力,甚至在一定程度上提供开放式或意想不到的学习经验,只有这样才可能使教学不仅有效,而且效率高并吸引人。

(三)质疑三:基于 ADDIE 的教学设计模型难以设计动态的学习体验

在互联网时代,越来越多的企业要求创新、不断变化、加快更新速度,因此内部培训课程也要求必须能跟上企业的发展速度。针对 ADDLE 课程开发周期长的特点,有人提出,课程要创新且不断更新,课程开发的时间也要越来越短。在这种前提下,SAM 比 ADDLE 更能满足企业课程开发快速多变的需求(Allen,2012)。这一点在美国的企业实践中得到了证实(董丽丽、田兰和刘美凤,2016)。此外,越来越多的研究者认为学习不是通过一个系统的过程来构建的,而是通过社会经验来构建的,这需要教学设计来适应每个学习者的独特经验。社会从标准化学习向个性化学习的根本转变表明,教学设计也需要向个性化学习转变。当前从个体能力、个体差异、现有能力水平和个人发展等方面对个体学习者(即学生或受训者)进行关注,在教学设计的学习者分析环节已受到了重视。然而,严格的系统设计过程在早期尚不可能实现这种定制(Reigeluth,1996)。而斯密斯和雷根也提到,在学习目标不能提前制定或没有学习目标的情况下,系统设计模型不是最优的方案(Smith & Ragan,2005)。对于经常变化的环境和情境,非线性模型是最优的。在这种非线性模型中,设计者能够同时理解问题和解决问题,这在系统设计中是不可能的。

近几年提出的敏捷开发模型也大都抓住了这一特点,如 SAM 简化了教学设计流程,包括准备、迭代设计、迭代开发三个阶段。准备阶段快速地收集与审查背景信息(如组织需求、预期目标、可用材料、培训责任、影响因素等)。迭代设计为 SAM 的中心环节,涉及项目规划和附加设计两项任务,其目的在于通过研讨与头脑风暴对其改进与优化。迭代开发为 SAM 的核心过程,包括设计校样、α版本、β版本、黄金版本四次迭代。当前比较流行的敏捷课程开发方法,基本都有这样的特点,以原型迭代为基础、以团队协作为特征、以项目为导向。然而,SAM 创始人认为敏捷课程开发是由 ADDIE 在内的几种模型衍生而来的,其本质并不是对传统开发模式的完全颠覆,而是进一步继承、演变与发展,即 ADDIE 的精简化。教学系统设计模型和敏捷课程开发模型的对比如表 1-3 所示。

表 1-3　教学系统设计模型和敏捷课程开发模型的对比分析

	教学系统设计模型	敏捷课程开发模型
核心概念	系统	快速迭代
步骤	确定教学目标 进行教学分析、学习者及情境分析 书写行为表现目标 开发评估工具和教学策略 开发和选择教学材料 设计和实施教学的形成性和总结性评价	选择项目并制定愿景 与客户合作启动项目 不断迭代以完成客户不断变化的需求 交付最终版本
计划性	长期计划	短期计划
持续时间	较长	很短,通常一到四周

（续表）

	教学系统设计模型	敏捷课程开发模型
交付成果	完整	不完整
适用情境	环境相对稳定,学习目标可以提前制定	经常变化的环境和情境
优点	系统化流程,针对需求,保障质量	敏捷快速,灵活可变,快速迭代,交付成果灵活
缺点	周期长,操作复杂	成果可能不完整

资料来源:根据相关文献整理而得。

　　从表1-3可以看出,每个模型都有其优缺点和适应情境,教学系统设计模型仅仅是培训师工具箱中的一个工具。特别要说明的是,各个模型之间也在互相借鉴学习。各种敏捷开发模型仍然带着 ADDIE 的影子,只是为了适应互联网时代课程开发的敏捷开发、快速迭代的特点,在 ADDIE 的基础上进行了一些调整优化。与此同时,ADDIE 模型本身也经历了多次发展,如从瀑布模型转变为动态模型,通过添加插件的形式扩展 ADDIE 模型,融入绩效模型,超越过程模型等。同样地,传统的 ISD 模型提倡在其整个生命周期内进行评估,通常被认为是一个线性的静态的过程,实际上由于评估反馈的不断更新,现在的教学设计模型更具迭代性(动态或螺旋式)。教学设计师可以在整个过程中进行评估,以改进设计。

　　总之,基于 ADDIE 模型的教学设计模型的成功之处在于目标明确,而且各成分之间细致关联,在环境相对稳定,学习目标可以提前固定的情境下更适合,但一般周期长,操作难度大,但质量也比较高。而敏捷课程开发模型,敏捷快速,灵活可变,快速迭代,交付成果灵活,更适合快速变化且目标难以确定的环境,但交付成果可能不完整。此外,各种敏捷开发模型仍然带着 ADDIE 的影子,只是为了适应互联网时代课程开发的敏捷开发、快速迭代的特点,在 ADDIE 的基础上进行了一些调整优化。根据《培训杂志》发布的《2019 中国企业培训行业报告》,大部分受访企业仍坚持以 ADDIE 标准模型为原型,并结合企业自身实际情况进行微调,来研发培训课程。课程开发过程大致包括五步:需求调研,掌握业务难点;评估需求,规划课程主题;设计课程,敲定最优师资;评审方案,获取反馈建议;优化内容,推出正式课程。目前,尚未有颠覆性的创新模式出现。由此可见 ADDIE 模型仍然是当前企业培训中的主流。

小结

✓ 在各种基于 ADDIE 模型的教学设计模型中,任务分析的目的是,在已经通过学习需求分析确定了教学总目标的前提下,进一步获得学习者需要学习的知识、技能和态度等内容。

✓ 任务分析属于教学设计师应该具备的基本能力,即选择并使用分析技术来确定教学内容。

✓ 乔纳森等把任务分析分为五大类:职位或绩效分析、学习分析、认知任务分析、主题或内容分析和活动分析。各种任务分析出现的时间各异,从早到晚分别是岗位/职位分析、学习任务分析、主题/内容分析、认知任务分析、活动分析和团队任务分析。

✓ 对于基于 ADDIE 的教学设计模型,当前存在一些质疑的声音。有人批判 ADDIE 模型的实施过程过于僵化,对设计过程中的各种复杂变化无法做出及时应对;也有人批判其操作过程复杂、冗长而费时;也有人质疑其难以设计动态的学习体验等。

✓ 本书认为,每个模型都有其优缺点和适应情境,基于 ADDIE 的教学设计模型仅仅是培训师工具箱中的一个工具。基于 ADDIE 的教学设计模型的成功之处在于目标明确,而且各成分之间细致关联,在环境相对稳定,学习目标可以提前固定的情境下更适合,但一般周期长,操作难度大,但质量也比较高。而敏捷课程开发模型,敏捷快速,灵活可变,快速迭代,交付成果灵活,更适合快速变化且目标难以确定的环境,但交付成果可能不完整。

✓ 各个模型之间也在互相借鉴学习。各种敏捷开发模型仍然带着 ADDIE 的影子,只是为了适应互联网时代课程开发的敏捷开发、快速迭代的特点,在 ADDIE 的基础上进行了一些调整优化。与此同时,ADDIE 模型本身也经历了多次发展,变得更加动态灵活。

✓ 基于 ADDIE 的教学设计模型仍然是当前企业培训的主流方法。

第三节　企业培训与任务分析

　　教学设计是一种分析和解决教学问题的系统方法,最初运用于军队,后来逐渐运用于企业、学校、非营利组织等。当前教学设计已经广泛应用到各种教学情境中去。前面我们讲到,作为教学设计中的一个重要环节,教学设计师可以通过"任务分析"确定教学内容。然而,由于情境的不同,任务分析在学校教育和企业培训中存在一些差异。这一部分,我们聚焦企业情境,主要关注企业培训中的任务分析。首先,我们界定什么是企业培训;其次,通过对比分析企业培训与职业教育的区别我们来进一步明晰企业培训的特点;再次,我们分析企业培训中任务分析的独特性;最后,我们提出本书对"任务分析"的界定。

一、什么是企业培训

　　作为企业人力资本提升的重要途径,企业环境下的学习大致分为正式学习与非正式学习两种。正式学习是指企业策划和组织的培训项目、课程及相关活动。企业要求员工参加或完成上述项目,包括面对面的培训、在线课程等。非正式学习指学习者主动发起的以行动为主的旨在实现发展的学习过程,这一过程并不在正式学习场合进行。非正式学习没有培训师或导师在场,学习的深度、广度和持续性由学习者决定。非正式的学习形式多样,包括与同伴的即时交流、写邮件、非正式谈话、通过社交网站开展各种社交活动等。

　　在企业学习中,培训与开发是常常使用的两个相似概念。为了更清楚地了解企业培训的内涵,我们这里进行对比说明。首先,培训(training)是指企业有意识地促进员工学习的行为,目的是确保员工掌握相应的知识、技能和行为,并将其运用到工作中,而开发(development)是指有助于员工胜任未来的工作和职位的因素,包括培训、正式教育、工作经历、人际关系以及对员工个性、技能和能力的评估等。其次,从传统意义上来说,培训侧重于提高员工当前的工作绩效,开发则侧重于帮助员工为公司的其他职位做准备,提高其转向未来职业的能力。最后,开发不仅需要培训做支撑,同时也要依靠各种工作经验的积累,还可能包括员工自身的各种学习经历(Noe,2015),如表1-4所示。

表1-4　培训与开发的比较

	培　训	开　发
侧重点	当前	将来
工作经验的运用	低	高
目标	着眼于当前工作	着眼于未来的变化
参与	强制	自愿

当前,随着培训越来越具有战略性,即与经营目标的联系越来越紧密,培训与开发的界限越来越模糊。培训与开发都越来越重视个人与公司当前与未来发展的需要。本书中,我们并不对培训与开发进行区分。本书中的企业培训指正式培训与开发,是企业开展的有计划、有系统的培养和训练活动,其目的是提高员工素质、能力、工作绩效等。从员工角度看,企业培训是使员工获得知识、技能、态度和行为习惯等的过程。从企业角度看,与有形资本(如设备、技术等)和财政资本(如货币资产、现金等)相比,人力资本是企业独有的、难以模仿和购买的重要资本,是企业赢得竞争优势的关键要素。企业培训即是对企业人力资本的开发。总体来说,企业培训的作用机制即通过学习提升人力资本,进而提高企业绩效,最终成功实现企业目标(李辉和刘凤军,2011),如图1-9所示。

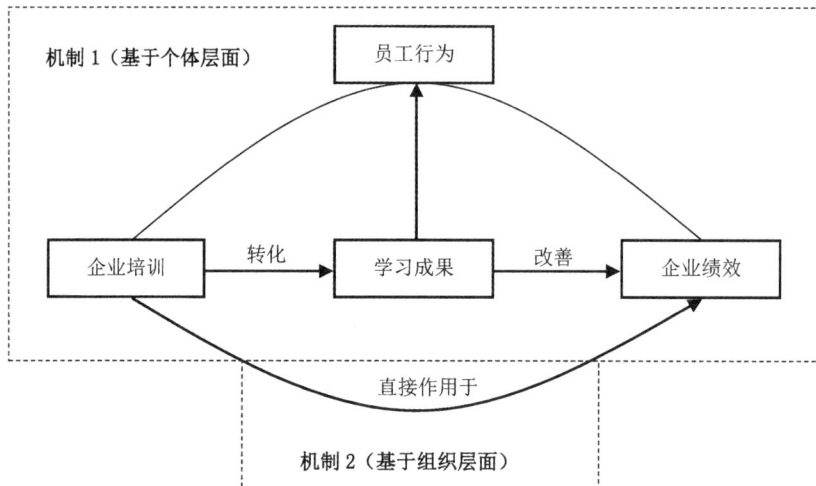

图 1-9　企业培训主要作用机制

二、企业培训与职业教育

由于职业教育和企业培训都关注企业需要,且都强调岗位和技能培训,因此常常出现一些理解错位。不少研究者曾对企业培训、职业教育和普通教育进行过对比分析,经过整理汇总,我们得到以下对比表,如表 1-5 所示。

表 1-5　企业培训、职业教育和普通教育的区别

	企业培训	职业教育	普通教育
学习内容	岗位技能/资格	综合职业能力(职业素质)	普通文化和科学教育
培养目标	完成岗位任务、满足企业要求	促进本职业领域内的生涯发展	人的全面发展
学生参与方式	作为可替代的功能单元	参与工作过程和生产流程	综合性的全面参与

（续表）

	企业培训	职业教育	普通教育
课程开发方法	岗位任务分析法,如DACUM	工作过程系统化的"典型工作任务"分析	教学简化
适用范围	岗位培训	高技能人才培养	普通教育
课程模式	培训模块	学习领域	学科课程

资料来源:根据相关文献整理而得。

以表1-5为起点,我们对企业培训与职业教育进行辨析,以进一步明确企业培训的定位。

（一）培养对象的区别

企业培训与职业教育的培养对象不同。职业教育的培养对象是后备劳动力,大多数未成年人,培养时限较长;而企业培训的培养对象是成年的企业员工,相对时限较短。相对于未成年人,成人学习具有其独特性。第一,成人的学习是实用导向的,他们不会为了学习而学习,在学习之前他们会思考"这对我有什么好处",学习和个人、职位、部门及公司有何关系;第二,成人具有较强的自我管理能力,进行的是自我引导自主负责的学习;第三,成人有丰富的学习和工作经验,这本身也是重要的学习资源;第四,成人学习的动力常常来自工作中的挑战,他们期望用所学知识解决实际问题,学习内容的实用价值与其学习动机成正比;第五,成人更喜欢任务驱动而不是知识驱动的学习;第六,与外部激励因素(如升职)相比,内部激励因素(如自尊)对成人的影响作用更明显(Knowles et al.,2015)。

（二）培养目标的区别

企业培训与职业教育的培养目标不同。职业教育是一种以学习将来的职业生活所需的知识和技能为目的的教育。这意味着职业教育不仅要培养适应社会经济发展、满足功利性的岗位需求的"职业人",而且要对人的全面发展发挥重要作用。即职业教育不仅要实现就业导向的社会性目标,还要实现教育的人本性目标(姜大源,2007)。与职业教育相比,企业培训的目标就单纯了很多,其目标主要是帮助员工完成岗位任务、满足企业要求。当然,这也正是教育与培训的区别,教育的目的是促进个人发展,而企业培训的目的首先是满足企业需求,其次才是个人成长。

此外,企业培训与职业教育的培养目标的差异很大程度上也恰恰是职业能力和职业技能的区别。首先,职业技能由工作任务的客观要求决定,职业能力则是完成一组任务所需要的主观能力和潜力;其次,职业技能可通过训练获得且与人格发展无关,而职业能力与人格发展息息相关,包含了对工作的理解、评估和反思;最后,人可以是技能的载体,人类的技能是技能技巧在不断客观化过程中的剩余部分,而职业能力则很难被客观化,它往往超越了当前任务要求,以解决未来的问题为目标(赵志群,2003;赵志群,2010;赵志群,2013)。由此可见,职业教育注重培养的是学生的"职业能力",即与职业相关的认知能力特征。而根据前面对企业培训的定位,本书中的企业培训更倾向于职业技能的提升,是完成任务需要满足的要求,而非职业能力的培养。

当然,我们也要承认,一些企业培训实践者对企业培训存在误解。比如,有实践者提到"企业要培养员工的职业能力,包括社会能力、方法能力和专业能力"。实际上,该划分是德国所特有的一种职业知识分类理论,即把职业能力划分成了专业能力、方法能力和社会能力。该理论曾对中国的职业教育领域产生了广泛影响。本书认为,该分类并不适用于企业培训。在企业中,工作是员工的主要任务,而学习是次要任务。企业不能也不会把培养员工的职业能力作为重点。一方面,成人的职业能力是很难短期培养或者提升的;另一方面,在企业中,学习是低频事件而工作是高频事件,不可能依靠企业培训来提升员工的职业能力。企业培训期望能够通过对少量的员工缺失的知识技能的查漏补缺,来提升企业绩效,而不是提升员工的职业能力,这一点恰恰是职业教育和企业培训的重要区别。

总之,企业培训更关注"完成任务所需要满足的技能要求",而不关注

"职业能力"的培养。职业教育要通过培养学生的职业能力来促进学生的人格发展,确保并扩展学习者在未来职业生涯中的认知和行动能力;而企业培训只是为了满足现实岗位的需要。

（三）教学内容的区别

企业培训与职业教育的学习内容也不相同。职业教育的教学内容包括两个方面。其一是传授一些能够在生产、服务或管理工作的第一线直接应用的技能和知识,教学内容要紧密联系职业实践;其二,教学内容还包括一定比例的文化课,以适应学生长期发展、广泛就业和继续进修的需要（张国庆,1993;姜大源,2007;周晓冬,2011）。而企业培训的教学内容针对性更强,以岗位直接需要的技能操作为主,一般不专门设置文化课的教学,必要的时候可能涉及一些专业课程的补充学习。

（四）二者的关联

前面我们提到,职业教育主要是培养后备劳动力,而企业培训主要培养现实的劳动力,即企业培训是职业教育的补充,而不是替代。一般来说,培训的主要目的是解决学员的实际困难,并不可能帮学员脱胎换骨,教学设计师需要找到职业痛点,从而让改变发生。

这也与职业教育的定位有很大的关系。以日本为例,20世纪90年代以前,日本的职业院校相对于其他国家而言,更加注重个体全面素质的养成。这其中的原因是,日本的企业内培训在质量和效率上都非常高,行业企业不相信职业教育能培养学生的职业能力,也不指望他们来培养,只要求职业教育送进企业的毕业生具备较高的综合素养即可。20世纪90年代后,随着日本社会劳动关系中终身雇佣制度的逐步瓦解,企业难以承担或者不愿继续承担巨大的培训费用。因此,企业开始关注要求职业教育实现对个体职业能力的培养。这其中就充分体现了学校职业教育从强调素质到强调适岗能力的转变（匡瑛,2010）。就中国而言,目前企业培训还远远不能达到高质量和高效率,一方面企业培训重视程度仍然不够,另一方面培训的质量不尽如人意,且培训远没有换人更能提高效率,这就使得培训的定位只能是"查漏补缺",而不可能是"面面俱到",即企业培训不以培养三大职业能力为目标,而更多是知识、技能等的补充学习。

（五）二者的区别

经过以上的对比分析,我们可以发现,职业教育是一种教育目标宽阔的综合性的专业或技术教育,其核心是育人。而企业培训是一种通过向员工提供必要的技能、知识和态度,使员工能有效地从事某一具体职业或承担某一具体工作的活动,是在考虑企业需求的前提下进行的人力资源开发活动。二者的培养目标和教学内容也有所不同,如表1-6所示。因此,本书对企业培训的定位是职业教育的补充,而非替代。企业培训的目的是满足企业需要,注重企业员工岗位技能的培养或者提升。

表1-6 企业培训和职业教育的对比分析

	企业培训	职业教育
培养对象	成年的企业员工	后备劳动力
培养目标	职业技能	职业能力
学习内容	以"实用"为导向	兼具职业实践和个性发展

三、企业培训中的任务分析

正如前面所说,企业培训与学校情境中的教学存在很多差异。一方面,学校情境中的教学更加强调学科知识且目标更加广泛,学生学习的知识技能可能要到将来某个时候才能用到。相对而言,企业培训目标更加明确直接,需求分析大多需要目前结合岗位需求和企业战略。另一方面,不同于学校教育,企业培训更多是针对成人而非未成年人的学习而存在的,由于学习者的特点不同,相应的学习设计也存在诸多差异。因此,我们有必要再次界定一下企业培训中的任务分析。需要说明的是,这里我们并不对任务分析的相关概念做区分,而是统称为"任务分析"。这里我们先分析一下企业培训中任务分析的特点。

（一）"任务分析"是企业人力资源管理的基石

任务分析的各项工作构成了企业人力资源管理的基础。组织包含众多工作岗位,而这些岗位的工作要由特定的人员来承担。在企业中,明确各工作的运作方式,从业人员的资格,所包括的任务、性质和责任（工作说明）及工作人员所必需的价值观、知识与能力（工作规范）等非常重要,只有当这些信息明确后,才可以明确企业内各工作岗位相互之间的依赖性和逻辑上的排列关系,并进一步确定岗位薪资,以确保内部的公平性和合理性。以上这些工作都属于"任务分析"的范畴。

任务分析的结果除了可以用于人力资源管理系统中的培训开发子系统,还可以用于任职资格子系统、绩效管理子系统、薪酬管理子系统等,成为岗位设计、员工招聘、薪酬设计和企业培训的重要支撑。科学、周密、细致与符合组织现实和未来发展的"任务分析"不仅可以使员工的培训、薪酬、任职资格、晋升相互匹配,使员工在满足工作需要的同时,也可以明确其未来职业规划,也可以使企业持续成长和发展。这将一直是企业人力资源管理的重中之重。

（二）企业培训中的任务分析需要建立工作岗位与培训内容的关联

面向企业培训内容开发的任务分析目的是为了设计企业情境中各种形式的教学。与学校教育情境不同的是,几乎所有的企业培训都是密切结合岗位或业务需求的。随着中国企业整体成熟度的提升,越来越多的企业开始搭建自己的培训课程体系。根据《培训杂志》发布的《2019 中国企业培训行业报告》,目前国内绝大多数企业采用基于岗位序列的课程体系,即为某些关键岗位序列提供体系化、分层级、有规划的培训。所谓基于岗位序列的课程体系,需要先选择关键岗位序列,然后进行工作任务/流程分析、任务分析,直到分解出知识、技能和态度等,随后撰写出学习目标并继续进行相应的教学设计,进而确定培训内容、培训策略等。其中任务分析的关键,即建立工作岗位与培训内容的关联。

如果不是搭建培训课程体系,偶发性的培训是以问题解决为目的的。其中培训内容的开发也需要通过任务分析了解各业务涉及岗位的职责范围、环境条件、所需的知识技能,并理清培训目标、培训内容与业务收益之间的关联。只有培训内容匹配企业关注点,才能逐步推动企业对培训的认知和认可,才能使组织的学习与发展不断地进步和强大。任务分析的重要性可见一斑。

（三）企业培训中的任务分析方法不同于教育情境

一般来说,学校情境中的任务分析对于"这项工作或者职责怎么做?"的关注很少。学校情境中的任务分析主要回答"学习者需要学习哪些内容才能完成这项任务"这一问题,具体包括确认教学内容,确定教学的重点和难点,确定教学内容的层级关系等内容,其任务分析不需要关注工作岗位,不需要进行工作任务分析,只需从教学总目标着手,进行学习内容分析即可。这与企业培训有较大差异。学校领域常用的任务分析方法主要是学习内容分析方法,包括:用于分析认知知识的主题分析法、用于界定动作技能和复杂的认知的程序分析法、信息加工分析方法等。

与企业培训中的任务分析较为相近的是职业教育。在职业教育中,其"任务分析"也需要关注工作岗位,但更多是进行典型工作任务分析。第一节我们提到,典型工作任务分析可以面向多个岗位,学生完成一个职业典型工作任务的学习后,可以从事多个岗位的工作。这与企业培训针对某一具体岗位的任务分析是不同的。以企业中常用的 DACUM 为例,DACUM 采用业务专家工作坊的形式,把工作岗位层层分解,得到相应的职责、任务、所需的知识和技能等,进而为企业培训内容的确定提供参考。然而,这对于典型工作任务的学习是不利的,典型工作任务需要获得对职业的整体与综合认识,需要建立工作任务和职业能力之间的联系,而不是关注企业的岗位需要。因此,就任务分析来说,职业教育中更适合于采用典型工作任务分析法;而企业培训则会同时用到工作任务分析和学习任务分析。

总之,企业培训中的任务分析,不仅要辨别出执行某一工作所需要的所有子任务、信息流、输入和决策,即回答"这项工作或者职责怎么做?"这一问题,而且要分析出完成某一任务所必需的学习成分,主要回答"学习者需要学习哪些内容才能完成这项任务"。如果学习内容分析没有基于工作任务分析的结果进行,设计者将不可能保证教学是真正的工作相关的。学校情境中的任务分析更多是后一部分。本书重点关注面向企业培训内容开发的任务分析,两部分都会有所涉及,这也恰恰是企业培训的重点和难点。

四、本书对"任务分析"的界定

以培训为目的的任务分析的定义有很多,我们这里列出了两个比较有代表性的定义。

第一个定义出自《教育辞典》,该定义比较概括,也比较权威,被引用的频率较高。《教育辞典》对任务分析的定义是"任务分析是适应工业和军事部门培训熟练的技术人员而发展起来的。为了加快培训的速度和提高培训的质量,在拟订培训计划时,首先将各项技术工作所需要完成的具体任务进行细致的分析,确定它们是由哪些基本的操作活动构成的,需要哪些特定的知识、技能"(张焕庭等,1989)。

第二个定义来源于《掌握教学设计过程:系统方法》(*Mastering the Instructional Design Process: A Systematic Approach*)一书。该书系统地介绍了教学设计在企业培训中的应用流程和方法,相对于传统的教学设计著作更聚焦,更贴合企业培训。书中对"任务分析"这一教学设计阶段的描述是:"任务分析是对人们是如何进行工作活动的彻底检查,主要用来分析某一任务的胜任力成分;识别可以被简化或者改进的活动;精确地确定某位工作人员必须知道、做或者需要学习的具体工作活动;辨别完成目标任务所需的条件(如设备或其他资源);建立在职者完成职位描述中每项任务的最低预期或者标准"(Rothwell & Kazanas,2008)。

从以上定义我们可以看出,任务分析对已有任务列表进一步分解以确定详细的教学目标的过程。若为了设计基于工作的教学,教学设计人员必须准确地知道工作人员做什么,怎么做,为什么做,需要哪些智力、体力和学习要求,并了解需要哪些设备、资源条件等等。

相对于其他教学设计人员仅仅把任务分析局限为确定教学内容和具体化教学目标(Davies,1971;Dick & Carey, 1990,Foshay,1983;Kemp,1985;Romiszowski,1981),乔纳森等在其所著的《教学设计中的任务分析方法》中,把任务分析分为两个阶段:任务描述阶段和教学阶段。任务描述阶段包括任务确定、任务细化和对任务排序。而教学阶段包括教学总目标、学习需求等具体化,开发分析工具(如分类标准和学习层级结构)和明确结果规范(如产品描述和培训注意事项)(Jonassen et al.,1999)。

乔纳森等人对任务分析的这一界定并不是偶然的。在此之前,许多研究者也采取了相似的划分,如米勒把任务分析分为"工作—任务分析"(job-task analysis)和"培训任务分析"(training task analysis)(Miller,1956);加涅把任务分析分为"工作—任务分析"(job-tasks analysis)和"学习任务分析"(learning task analysis)(Gagne,1974);霍夫曼和梅兹克认为之所以任务分析(task analysis)和教学分析(instructional analysis)这两个不同的分析阶段相互混淆,是因为很多研究者经常把两个阶段的分析都称为任务分析而不加区分,而他们所提到的这两个阶段,跟米勒和加涅的划分是一致的(Hoffman & Medsker,1983)。霍夫曼和梅兹克认为"工作—任务分析"把一个工作分解成各个任务成分,辨别出执行某一工作所需要的所有的子任务、信息流、输入和决策;而"培训任务分析"或者"学习任务分析"分析出完成某一任务所必需的学习成分。这与后期乔纳森提出的任务分析两个阶段相一致。以上概念为本书对"任务分析"的界定提供了重要参考。

本书主要关注面向企业培训内容开发的任务分析,即任务分析的目的是为了设计企业情境中各种形式的教学。1974 年,加涅就提出任务分析是一种能够获得完成已知的人类任务所需教学的技术,这些教学能够生成完成这些任务所需的各种能力(Gagne,1974)。与学校教育情境最大的不同,几乎所有的企业培训都是密切结合岗位需求的,因为在确定培训内容之前,需要对受训者的岗位有较为清晰地了解,包括岗位的职责范围、环境条件、所需的知识技能等等。这绝不仅仅是对已有任务列表进一步分解,而是涵盖了岗位/职位分析、传统的任务分析和学习分析。在具体的分析过程中,还很可能会用到认知任务分析、主题/内容分析方法来帮助确定培训内容。

因此,在本书中,为了更清晰地明确任务分析步骤,以更好地保证任务分析的效果,我们沿用早年加涅的分法,把"任务分析"分为"工作任务分析"和"学习任务分析"两个阶段。工作任务分析,辨别出执行某一工作所需要的所有子任务或步骤,然而常常并不能够作为教学设计的合理基础,有效的行为达成有时还依赖于学习者对事实、概念,过程、程序和原理的熟悉程度(Gibbons,1977)。学习经验是建立在学科内容的基础上的(Kemp,1971),学习任务分析可以帮助获得学习者完成任务所需的知识、技能和态度,即进一步确定教学内容和具体化教学目标。"任务分析"是对两个阶段的统称,其目的是为了设计符合岗位要求的教学,如图 1-10 所示。

图 1-10　本书对"任务分析"的界定

图 1-10 中,任务分析包含工作任务分析和学习任务分析两个阶段。其中,工作任务分析要辨别出执行某一工作所需要的所有的子任务或步骤,而学习任务分析要在工作任务分析的基础上进一步确定教学内容和具体化教学目标。二者共同构成了面向企业培训内容开发的任务分析。

第四节　本书的结构与创新之处

前面我们已经提到,任务分析是获取符合工作需求的教学内容的关键手段。然而,任务分析的研究不足导致面向企业培训的任务分析存在理论和实践上的种种问题。在此背景下,我们开展了一系列基于设计的研究,搜集了大量的实验、访谈和观察数据,通过数据分析和理论建构,试图丰富和完善面向企业培训内容开发的任务分析理论。本书正是之前研究的产物。

一、本书的结构

本书共分为六章。

第一章是任务分析导论。本章梳理了任务分析与企业培训的相关概念,从教学设计的角度再认识了任务分析这一环节,分析了企业培训中任务分析的独特性,并界定了面向企业培训内容开发的任务分析的内涵。

第二章是企业培训内容开发方法概述。本章概述了直接从培训总目标获得培训内容、基于任务分析的培训内容开发和基于胜任力模型的培训内容开发三种企业培训内容开发方法。经过三种方法的对比分析,并结合理论与实践的梳理,本章指出了面向企业培训内容开发的任务分析的现实困境。

第三章和第四章本书尝试建构面向企业培训内容开发的任务分析模型,以更好地完善任务分析理论。根据《应用学科中的理论建构》(*Theory Building in Applied Disciplines*)一书中提到的应用学科中的理论建构的一般方法,理论建构首先要通过概念化阶段建立概念模型,然后通过操作化阶段对概念模型进行操作化,建立概念模型和实践之间的联系(Lynham,2013)。因此,本书的第三章主要关注的是概念模型的建构。第四章是操作模型的建构。其中,建立概念模型的目的在于开发能解释相关现象或者问题的基本理论框架,这里指建立面向企业培训内容开发的任务分析的概念模型。操作模型将概念模型转化成可观察到的、可操作的各个组件,实现理论与实践的相交,本书中指将任务分析概念模型落实在企业培训内容开发中,建立基于任务分析的企业培训内容开发操作模型。

第三章面向企业培训内容开发的任务分析的概念模型,明确了企业培训内容开发中的任务分析各个要素的含义,并试图建立要素之间的关系。在概念模型中,本书把任务分析分为工作任务分析和学习任务分析两个阶段。其中工作任务分析包括岗位/职位分析、行为任务分析和认知任务分析三种分析,三者之间互相配合。而学习任务分析即获得"显性化的知识信息"的过程,包括对已有显性知识的汇总组合和对隐性知识的外部明示。显性知识的汇总组合形成学科主题形式的显性知识,而外部明示形成整合情境形式的学习内容。此外,本书还提出了工作任务包括技术操作类任务、认知思维类任务和人际沟通类任务三种。三类任务经过工作任务分析,得到初步的企业知识,其中以"怎么做任务"的知识为主。获得的企业知识经过学习任务分析,把其中隐性的知识显性化、显性知识进行汇总组合,最终形成培训内容。该概念模型是面向企业培训内容开发的任务分析的基本思路框架,理清了工作任务到培训内容的逻辑关系,以及工作任务分析和学习任务分析的联系,为后续模型的操作化打下了基础。

第四章我们建构了基于任务分析的企业培训内容开发操作模型,为面向企业培训内容开发的任务分析的概念模型走入实践提供"抓手"。该模型结合了当前企业培训内容开发的发展趋势,主要通过规范化流程和支持工具两个维度来进行操作化。在流程方面,基于任务分析的企业培训内容开发主要包括目标任务的确认、工作任务分析、培训任务的确定、学习任务分析四个阶段,其中目标任务确认阶段回答"任务分析中的'任务'怎么确定",工作任务分析阶段回答"工作任务分析到何种程度以及如何进行工作任务分析",培训任务的确定阶段回答"哪些任务需要培训",而学习任务分析阶段回答"如何实现隐性知识的显性化和显性知识的汇总组合,并确定培训内容"。具体的支持工具放在第五章进行阐述。本章期望给实践者提供可供遵循的企业培训内容开发流程,使基于任务分析的企业培训内容开发有据可依。

第五章基于任务分析的企业培训内容开发操作实务,将第四章建构的基于任务分析的企业培训内容开发操作模型进一步具体化。本章将目标任务确认、工作任务分析、培训任务确定和学习任务分析等环节一一展开,一方面进一步仔细说明各个环节的开展步骤,另一方面也提供了相关的支持性工具,使基于任务分析的企业培训内容开发操作模型真正落到实处。最后,本章结合具体案例来展示该模式的具体使用情况,并提出了如何通过任务分析保证企业培训内容开发的质量。

第六章总结与展望,对本书内容进行总结,凝练出面向企业培训内容开发的任务分析的设计原则,并指出未来面向企业培训内容开发的任务分析的发展方向。

二、本书的创新之处

本书的创新点主要有三个:

第一,本书明确提出了企业培训的定位是普通教育的补充,并把企业培训内容分为学科主题知识和整合情境知识两种,教学设计师要在任务分析的过程中同时获得专家知识、技能和经验。

第二,本书把面向企业培训内容开发的任务分析分为工作任务分析和学习任务分析两个阶段,工作任务分析主要获得任务间的关系,建立对任务的整体性理解,而学习任务分析要先获得专家的操作流程供普通员工模仿,随后进一步挖掘专家经验或者操作的支撑知识和技能以帮助员工学习与反思。

第三,本书建构了面向企业培训内容开发的任务分析的概念模型和基于任务分析的企业培训内容开发操作模型。模型从概念化阶段到操作化阶段,再到具体的流程和工具的设计,层层深入,建立了从理论到实践的联结。

小结

✓ 企业环境下的学习大致分为正式学习与非正式学习两种。本书的主要关注点是正式学习中的企业培训,是企业开展的有计划、有系统的培养和训练活动,其目的是提高员工素质、能力、工作绩效等。

✓ 企业培训与开发的作用机制即学习提升人力资本,进而提高企业绩效,最终成功实现企业目标。

✓ 企业培训是在考虑企业需求的前提下,进一步进行人力资源开发的过程。职业教育核心是育人,二者的培养对象、培养目标和教学内容均不相同。

✓ 整体来说,职业教育要通过培养学生的职业能力来促进学生的人格发展,确保并扩展学习者在未来职业生涯中的认知和行动能力。企业培训更关注完成任务所需要满足的技能要求,而不关注职业能力的培养。企业培训是职业教育的补充,而非替代。企业培训的目的是满足企业需要,注重企业员工岗位技能的培养或者提升。

✓ 企业培训中的任务分析具有自身的独特性,首先,任务分析是企业人力资源管理的基石;其次,企业培训中的任务分析需要建立工作岗位与培训内容的关联;最后,企业培训与教育情境中使用的任务分析方法有所差异。

✓ 本书主要关注的是企业培训中的任务分析,并把"任务分析"分为"工作任务分析"和"学习任务分析"两个阶段。工作任务分析,辨别出执行某一工作所需要的所有的子任务或步骤,学习任务分析可以帮助获得学习者完成任务所需的知识、技能和态度,即进一步确定教学内容和具体化教学目标。"任务分析"是对两个阶段的统称,其目的是为了设计符合岗位要求的教学。

✓ 本书是一系列基于设计研究的产物。本书最大的特色是建构了面向企业培训内容开发的任务分析的概念模型,以及基于任务分析的企业培训内容开发操作模型。模型从概念化阶段到操作化阶段,再到具体的流程和工具的设计,层层深入,建立了从理论到实践的联结。

第二章

企业培训内容开发方法概述

近些年来,我国的企业培训领域经历了快速的成长与发展。一方面,企业培训更加理性,不再盲目地追求培训人次、场次,而是更加注重培训的质量和效果。风靡一时的各类"培训超市"课程已不能够满足企业的需求,如何开发满足企业需求的课程成为企业关注的重点。另一方面,企业培训课程开发从经验总结型逐渐转向运用各种教学设计原理,更加规范与成熟。然而,如何将岗位要求有效牵引或过渡到培训课程中,仍是企业培训的工作重点与难点。

试想以下场景:作为教学设计师,你最近接到了一个项目,该项目的目标是为某房地产经纪公司开发新员工培训课程,使新入职的买卖经纪人能够尽快适应工作岗位。与你搭档的两位业务专家(SME)是该公司内部的传奇人物,其房产交易数一直稳居公司前列。如果你能抓住他们的知识和才能,你可以制定一个培训计划,以确保你在培训部门以及公司的地位。然而,你不是房地产经纪人,对于该行业也了解不多,且房屋买卖是一项综合能力,你该如何开发课程内容呢? 对于从事企业培训的实践者来说,以上场景应该非常熟悉。其实该场景的核心就是"企业培训内容开发",也就是本书的主题。在已有的研究中,企业培训内容开发的方法主要有三种:直接从培训总目标获得培训内容;基于任务分析得出培训内容和基于胜任力得出培训内容。本章将一一展开介绍各种方法，并在此基础上分析当前企业培训内容开发的现实与困境，进而明确本书的结构与创新之处。

第一节 直接从培训总目标获得培训内容

直接从培训总目标获得培训内容是通过培训总目标分析（goal analysis）把培训总目标转化为具体可测量的教学目标，进而选择和确定培训内容的过程。培训总目标是对培训预期结果的概括性描述。在真实的企业培训情境中，企业通常会通过绩效分析或需求分析等方式确定培训总目标或教学总目标。一般来说，客户经常讨论的是理想的、模糊的、定义不清的总目标（如"提升服务质量"）。教学设计人员需要通过分析确定客户预期从教学设计解决方案中获得的更精确的可测量的结果是什么。这个过程即培训总目标分析，也就是把模糊的期望转化为具体的可测量的学习者成就目标（Mager，1997）。

培训总目标分析的步骤包括：①澄清教学预期达到的模糊的目标；②识别与教学总目标相关的行为；③筛选步骤2中获得的条目，去掉重复的、不清晰的、与总目标不相关的类目；④精确写出行为目标；⑤测试行为目标以确定该行为目标与教学总目标相一致；⑥根据撰写出的行为目标从学科知识体系或者组织经验中选择学习内容（Rothwell & Kazanas，2008）。

我们举例来说明如何完成培训总目标分析。假设某教学设计团队接到一个"提升顾客服务"的客户要求。首先，教学设计团队应跟客户确认他们的教学总目标是"提升顾客服务"，而不是其他的。在此基础上，教学设计团队需要分析教学问题，明确学习者需求。其次，在教学需求明确以后，教学设计团队将列出与有效的顾客服务相对应的具体的员工行为。教学设计团队将会问以下问题：有效的顾客服务表现在哪些行为上？员工应该怎么跟顾客沟通？预期的合适的行为包括：快速且有礼貌地接客服电话，礼貌地接待到店的顾客等等。这些行为还需要进一步具体化，如什么是礼貌地。一旦前面步骤完成,教学设计师需要去掉重复的条目,然后写出行为目标并验证这些目标是否与客户提到的"提升顾客服务"相一致。

　　总体上来看,该方法操作方便易上手,但也存在很大的主观性,甚至可能出现内容遗漏或错误等问题。此外,很多时候客户并不清楚与教学总目标相关的行为有哪些,实践操作的可行性值得怀疑。

第二节　基于任务分析的培训内容开发

　　在教学设计中,获得学习内容最常用的方法是任务分析。DACUM,是Developing A Curriculum(开发一门课程)的缩写,是一种企业培训中广泛使用的任务分析方法,最初只用来开发课程,因此得名。本节我们将介绍基于DACUM 的系统课程开发模型和培训内容开发流程。

一、基于 DACUM 的系统课程开发模型

　　SCID(systematic curriculum and instructional design,系统化课程和教学设计)是基于 DACUM 的系统课程开发模型,由 DACUM 的提出者,即俄亥俄州立大学教育学院教授罗伯特·诺顿(Robert E.Norton)于 1990 年提出,最新版本为 1999 年出版的第三版。与教学系统设计(ISD)模型一样,SCID 也属于系统模型。该模型试图通过数据收集和合理的逻辑而非经验来进行课程或教学开发,同样包括分析、设计、开发、实施和评价五个阶段。如表 2-1 所示。

表 2－1 SCID 模型各阶段活动

阶段	主要活动	结 果
分析	进行需求分析	识别出的培训需求
	进行工作分析	工作职责和任务清单
	任务确认	任务确认的相关数据
	选择培训任务	拟培训的任务
	进行任务分析	各项任务的教学要素
设计	确定培训方法	培训计划的相关明细单
	开发学习目标	系列化的学习目标
	开发评估工具	评估工具
	具体化培训计划	
开发	开发胜任力简介	胜任力简介
	开发培训材料	模块或学习指南
	开发支持性媒体素材	教师/学生学习指南
	开发教师/学生学习指南	支持性媒体素材
	小范围测验/修订材料	实地测验材料
实施	实施培训计划	培训对象、培训师
	进行培训	设施
	进行形成性评估	计划改进数据
	记录培训结果	培训者的学习成就数据
评估	进行总结性评价	总结性数据
	分析搜集到的信息	描述需要改进的项目
	启动纠正措施	具体推荐的项目改进计划

资料来源：根据相关文献整理而得。

（一）分析阶段

第一阶段是分析阶段。分析阶段是 SCID 模型最重要的阶段之一。该阶段搜集的数据是后续各项活动的基础。该阶段包括需求分析、工作分析、任务确认、选择培训任务和任务分析等几项活动。这一阶段的输出结果包括：识别出的培训需求、工作职责和任务清单、任务确认的相关数据、拟培训的任务、各项任务的教学要素，如执行任务的步骤、所需的知识技能、态度、安全考虑、决策点、要达到的标准等。

分析阶段的第一个环节是需求分析。并非所有的需求都是培训需求，需求分析环节不仅要确定是否存在需求，还要确定需求是否可以通过培训得到最好的满足。该环节可以通过员工访谈、主管或经理访谈、绩效记录等方式搜集数据。

分析阶段的第二个环节是工作分析。工作分析的目的是将该工作分解为所涉及的任务，为选择培训任务提供依据。工作分析一般需要两种角色的专业人士相互配合完成，一种是能够提供工作相关信息的人，另一种是搜集和汇总工作信息的人。常见的搭配如业务专家和教学设计师（或咨询师）。在 SCID 模型中，工作分析主要采用 DACUM 方法，将工作层层分解为岗位职责和任务。

第三个环节是任务确认。该环节是工作分析的扩展，进一步搜集信息来获得工作任务的信息，如确定是否存在任务的缺失、员工各项任务的表现、各项任务的重要性和完成任务的困难程度。当第二环节获得的岗位职责和任务过时或不严谨时，这一环节就显得格外重要。该环节的实施流程是，首先列出工作分析环节获得的任务，随后邀请专家员工或主管经理填写相关问卷或量表来对任务的各维度进行评分，进而分析数据得出结论。常见的评分维度包括：任务重要性、任务学习的难度、任务的频率、任务耗时等。该环节获得的信息将为确定培训任务提供参考。

第四个环节是选择培训任务。这一环节将根据工作分析和任务确认环节获得的信息，来选择需要培训的任务。培训任务的选择没有统一的标准，一般来说可以根据任务的重要性程度、任务学习的困难程度和需要完成任务的员工比例等来进行选择。频繁操作的、中高重要程度、中高困难程度的任务更可能需要培训。

分析阶段的最后一个环节是任务分析。这一环节是对拟培训的任务进行任务分析,将其分解为其教学要素,包括执行任务的步骤、所需的知识技能态度、安全考虑、决策点、要达到的标准等等。这一部分获得的信息将为后续的培训计划和培训材料的开发提供基础。经过充分的任务分析,你将能明确需要教什么,哪些工具和设备是必需的,哪些注意事项需要强调,需要达到的绩效标准等。

（二）设计阶段

第二阶段是设计阶段。这一阶段以分析阶段收集的数据为基础,进一步制定培训计划。这一阶段包括确定培训方法,开发学习目标,制定绩效指标和具体化培训计划等活动。这一阶段的结果包括学习目标、评估工具以及培训计划明细单。

设计阶段的第一个环节是确定培训方法。培训方法是教学设计的重要一环,企业培训不仅要教会学生知道知识,还要促进学习者行为的改变,如解决问题、制造产品和管理组织等。基于胜任力的情境学习是企业培训的重要方法,即结合个人、社会和职业生活中的日常经验促进学习者学习,并提供所学材料的具体实践应用,侧重于受训者的胜任力的提升。相对常规教学的教学材料是课程、单元、教学计划、课本,基于胜任力的学习的培训材料则包括胜任力简介、各个胜任力相对应的学习指南或学习模块。具体培训环境的确定取决于任务的性质以及相关的成本、设备、时间等限制条件。

设计阶段的第二个环节是开发学习目标。学习目标是需要掌握的行为或绩效的具体化,包括三个要素:行为表现、条件说明和测量标准。学习目标的准确表述很大程度上依赖于前期工作和任务分析的质量。如果前期的工作和任务分析已经得出了各任务的操作步骤、所需的知识技能态度、安全考虑、决策点、要达到的标准等等,这一环节只需要按照"行为表现、条件说明和测量标准"三要素写出相应目标即可。否则需要同时进行任务分析和目标撰写。

设计阶段的第三个环节是开发评估工具。学习目标的完成情况需要采用相应的评估工具来评估。评估的关注点是学习目标的达成程度,即标准参照测试。评估测试应该涵盖所有的学习目标,并使学习者展示出相应水平的知识、技能或态度。认知领域目标的测试可以通过纸笔测验来完成,情感领域则可能用到问题解决案例分析、态度量表、半结构化访谈等形式。由于培训目标的达成涉及行为的改变,因此,其评估方法还要用到表现测试(performance test),即提供一个实践情境,要求受训者完成某一任务或创造一个产品。相应的测评工具称为"工作表现量表"(job performance measure,JPM),其背后的评估理念是真实性评价,即要求学习者运用所学知识和技能去完成真实世界或模拟真实世界中的任务,在任务开展过程中对学习成效进行评价。

设计阶段的最后一个环节是开发培训计划。这一环节需要根据前面获得的信息列出培训对象、培训师、环境设施、必备的工具、设备、资源等,课程和教学材料,评估要求,预算等内容。

（三）开发阶段

第三阶段是开发阶段。前两个阶段说明将要教授什么,如学员需要学习执行哪些任务,以及这些任务中涉及哪些学习要素。开发阶段涉及如何教授这些任务和辅助内容,即哪些学习活动、培训材料和教学方法将引导学员掌握所需的技能和知识。这一阶段主要包括开发胜任力简介、开发培训材料、开发支持性媒体素材、开发教师/学生学习指南和小范围测验/修订材料等环节。具体的输出成果包括胜任力简介、学习指南和培训材料等。

开发阶段的第一个环节是开发胜任力简介。并不是 DACUM 分析出的所有任务都需要开发相应的胜任力简介。前面我们提到,DACUM 分析出的任务只有经过任务确认阶段和选择培训任务后,确定的需要培训的任务才需要进行任务分析。而任务分析后,如果任务之间存在相似的知识、技能要求,也可以对任务进行聚类,聚类后的任务才可能需要开发胜任力简介。一般来说,DACUM 分析出的任务大概有 120 个左右,经过任务确认和选择后,大约只剩下 60 个左右需要培训,而经过任务分析和任务聚类后大概只需要开发 20 个胜任力简介。

开发阶段的第二个环节是开发学习指南。胜任力简介提供了教学计划的基本内容,学习指南提供了具体细节。学习指南是针对胜任力开发的,通过学习指南学员知道对他们的期望,以及如何做来达成这些胜任力的学习。一个胜任力需要针对性地开发一个学习指南。学习指南一般包括学习目标、相应的学习活动、学习资源、自我核查表、知识测验、表现测试等。

除了学习指南外,开发阶段还要开发其他的培训材料,如学习计划、工作指导卡、操作说明书、工作帮助等。与此相对应的也需要为教师开发教学计划,以及一些多媒体教学材料,开发阶段后续环节即要完成以上工作。在开发过程中,等以上工作都完成,则需要进入小范围测验/修订材料等环节。

（四）实施阶段

第四阶段是实施阶段,即将计划付诸实施。这需要训练有素的培训师、所需的设施和设备、培训学员、相应的培训材料等。培训师既是指导者、帮助者,同时也是评价者。培训师根据已制定的学习指南和教学计划等准备和实施教学。教学中要记录培训过程中发生的事情,搜集培训师和学员的反馈,进行形成性评估,为方案修改或增补提供依据。此外也要评估学员的进步和成就。

（五）评估阶段

第五阶段是评估阶段。评估包括形成性评估和总结性评估,形成性评估是为了改进培训方案,而总结性评估则是为了评估培训效果。如开发阶段的评估更多是形成性评估,即将培训计划和学习材料交给熟练的教师、学科专家或业务专家进行技术审查或与一小群学员进行试点测验,通过搜集反馈意见来修改完善方案。最后的总结性评价则要证明培训的有效性,并评估成本效益。与此同时,总结性评价的信息也将为下一次培训提供参考。这一阶段要搜集的数据包括过程数据、产品数据、项目成本数据等。

二、基于 DACUM 的培训内容开发流程

SCID 中的培训内容开发涉及分析阶段、设计阶段和开发阶段,分析阶

段要明确是否存在需求,并开展工作分析了解工作职责和任务,随后选择培训任务并进行任务分析,以获得教学要素;设计阶段要进一步确定培训方法、开发学习目标和评估工具,汇总得到培训计划;开发阶段则进一步开发学习指南和培训材料等。如图 2-1 所示。

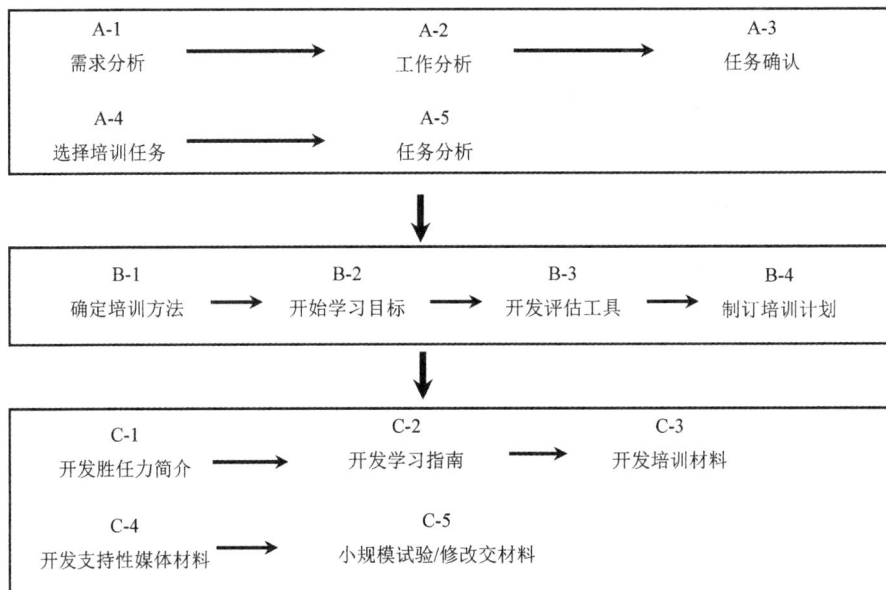

图 2-1 SCID 流程图(部分)

作为系统方法的一种,SCID 模型也特别强调各个环节相互关联,后一阶段的很多工作都建立在前一阶段工作的基础上。在图 2-1 中,胜任力简介和学习指南等材料的开发依赖于分析和设计阶段的成果。设计阶段制定的学习目标是开发教学材料、选择教学活动的基础,而学习目标又与前期的工作和任务分析有关。前期分析得出的各任务的操作步骤、所需的知识技能态度、安全考虑、决策点、要达到的标准等等是目标撰写的基础。由此可见,工作分析和任务分析是培训内容开发的关键步骤,也是 SCID 模型的核心所在。以下我们分别来看工作分析和任务分析在 SCID 中的具体应用。

（一）DACUM 与工作分析

SCID 中的工作分析主要是通过 DACUM 实现的。DACUM 通过一个大约两天的工作坊来识别某个职业或岗位的职责和任务。DACUM 的基本假设包括：①由优秀工作人员分析、确定与描述的本职业岗位工作所需的能力，更符合实际工作的需要，也更具体准确；②任何职业的工作内容都能用优秀工作人员工作中所完成的各项任务来描述；③任何任务与完成此任务的人员所需的理论知识、工作态度和技能都有着直接的联系（Norton，1997）。

DACUM 的参与者一般包括受过专业训练的 DACUM 导引师和由 5～12 名优秀员工组成的专家组，有时也有协调员、记录员和观察者等参与其中。参与者的工作职责各不相同。

导引师是整个工作坊的灵魂人物，其工作职责是激励并引导与会者就核心问题展开讨论并达成共识，最终需要在有限的时间内成功地完成职业与工作任务分析，并交付 DACUM 图表。导引师需要具有专门的 DACUM 资格认证，具备对 DACUM 理论和程序的深度了解，并要对导引操作技巧熟练掌握。

专家组是 DACUM 工作坊的主体，是 DACUM 图表内容的主要贡献者，他们的水平决定着 DACUM 图表的质量。特别强调一下，专家组成员的选择一定要慎之又慎。一般来说，专家组成员必须是某个工作岗位的业务专家，同时这些专家也要有开放的心态，愿意进行专业分享和交流。一般不建议任何非业务专家（如主管、经理）充当专家组成员。虽然主管和经理的管理经验和知识可能比较丰富，但他们对具体的工作任务的了解程度，在工作分析过程中的贡献程度比业务专家低，而且在某些情况下，他们的出现还会阻碍思想的自由交流，降低 DACUM 的分析效果。

协调员负责整个工作坊进行过程中人力、设备及资源等方面的调控。需要说明的是，由于 DACUM 方法很大程度上依赖于小组互动，因此开展工作坊的会议室面积要足够大，要能够容纳所有参与者和观察者，还要有一面完好的、宽阔的墙面,以方便将各项职责和任务写在卡片上并粘贴在墙上。记录员主要负责会议记录,有时也需要帮助专家组将所有达成一致的意见写在不同颜色的卡片上并贴在墙上,便于参考。观察者一般包括管理者、人力资源开发负责人或教学设计师。观察者的介入主要是方便后续教学/培训、人力资源开发工作的顺利展开。

DACUM 工作坊的流程一般由导引师把控,通常包括以下步骤:①向专家组介绍 DACUM 的基本情况及流程;②从整体上审查待分析的工作/职业;③找出并确定各项职责;④找出并确定操作每项职责所需要的工作任务;⑤列出完成工作所需要的一般知识和技能;⑥重新审查/调整职责和工作任务描述。具体各步骤的内容如下。

1. 向专家组介绍 DACUM 的基本情况及流程

首先,协调员正式地对专家组表示欢迎与感谢,并介绍导引师的资质和经验等;然后,导引师解释 DACUM 的含义及其理念,介绍说明专家组和导引师的职责,向专家组展示一张 DACUM 图表样例并解释 DACUM 工作坊的产出成果;最后,导引师向专家组解释 DACUM 的流程步骤以及参与者应该遵循的纪律和准则。

2. 从整体上审查待分析的工作/职业

这一阶段包括两个部分:对整项工作/职业开展头脑风暴和构建组织架构图。对整项工作/职业开展头脑风暴意味着先不要涉及工作职责问题,而是让专家组成员对自己所做的事情进行描述。比如问"你做什么工作""你还做其他的事情吗"等问题,以有助于导引师从专家组那里了解他们的工作,并为职责的确定提供一个最基本的数据库。构建组织架构图帮助专家组成员就哪些工作或职业领域位于分析的范围之内这一问题达成一致,为待分析的工作/职业创建清晰的参数信息。组织机构图包括待分析的工作/职业、其上级管理机构和下级工作岗位。

3. 找出并确定各项职责

导引师引导专家小组成员确定各项职责,在卡片上编写职责描述,并将卡片按照垂直方向贴在墙上。

4. 找出并确定操作每项职责所需要的工作任务

确定职责中的具体任务是开发工作任务/职业分析图表的核心所在,也是 DACUM 最关键的部分。一旦确定了职责并完成了排序,就要按照从前到后的顺序对每项职责进行分析,也可以从简单的、容易确定的职责开始。通过头脑风暴的方法,罗列出优秀员工为了完成一项职责所必须做的事情。DACUM 的这个阶段往往需要占用大量的时间。

5. 列出完成工作所需要的一般知识和技能

明确完工作职责和任务后,要进一步列出所需的知识和技能,如员工行为(包括应有的态度和特质)、工具、设备、物资供应和材料以及未来的趋势和关注点。

6. 重新审查/调整职责和工作任务描述

最后这一步骤需要导引师针对图表是否准确、全面地描述了要分析的岗位,与专家组达成最后的共识。

(二)任务分析

工作分析将工作分解为所涉及的任务,明确工作/任务职责。经过任务确认和选择培训任务后,任务分析将每个选定的任务分解为其教学要素,包括执行任务的步骤、所需的知识、安全考虑、要达到的标准等等。任务分析可以提供很多具体信息,如执行任务的步骤、所需的知识与技能、需要的工具和设备、培训中需要强调的点、员工必须达到的绩效标准等等。任务分析为后续的培训计划和材料开发提供了一个有组织的数据库,以确保培训计划是真正基于工作任务的。

一般来说,任务分析过程包括:确定要收集的数据类型,获取并评价已有的任务分析数据,选择任务分析方法并进行分析以及将分析记录在文件或报告中。任务分析师一般需要与两到三名专家型员工进行面谈,以收集任务分析数据。收集的数据可能包括:任务步骤,行为标准,工具、设备、材料和用品,所需/相关知识与技能(包括参考资料),安全问题,态度(与工作绩效有关），以及重要的决策点、关键线索和错误。为了获得这些信息，一般会问到很多问题。如任务步骤信息的获得，可能会涉及以下问题：

　　✓ 执行这项任务需要哪些步骤？

　　✓ 首先你要做什么？

　　✓ 接下来你做什么？

　　✓ 你还做什么？

　　✓ 你可以选择如何执行任务吗？（如果有多于一个可接受顺序，列出所有）

　　✓ 你怎么知道你什么时候完成了任务？

行为标准信息的获得，可能会涉及以下问题：

　　✓ 这项任务必须执行到什么程度？

　　✓ 必须按照给定的顺序执行吗？如果有，列出规定的顺序。

　　✓ 什么程度的误差是可接受的？

　　✓ 最终产品必须具备哪些品质？

　　✓ 工作主管如何判断员工的表现是否合格？

　　✓ 什么是可接受的执行时间限制？

任务分析不仅可以列出执行任务所涉及的步骤或程序以及执行任务所必需的背景知识，同时任务分析结果也是开发学习目标的重要参考。简单来说，在任务陈述中添加"执行任务的条件"和"测量标准"两个元素，任务即可转变为行为目标。

SCID模型中的工作分析和任务分析在已经通过需求分析确定了培训总目标的前提下，尝试建立了工作任务与行为目标的连接，为获得学习者需要学习的知识、技能和态度等内容打下了基础。整体来看，SCID中的培训内容开发流程，涵盖了本书提到的任务分析两个阶段，即工作任务分析和学习任务分析，是比较贴近企业培训实践的。不仅确定了工作的各个组成成分，识别出了完成工作所需的工作任务，也获得了完成每项任务所需的知识、技能和态度。该流程不仅清晰地展现了整个任务分析流程，还创新地加入了培训任务的选择等环节,使得培训更能发挥集中优势。这也给本书提供了很多启示。

然而,SCID 中的培训内容开发流程也存在一定的局限性。第一,该流程主要通过职责、任务、步骤层层分解进行,主要关注可观察的行为任务,容易忽略复杂的认知任务;第二,该流程的操作前提是获得某工作岗位的所有任务,优先选取重要程度和难度高的任务进行培训,而没有从绩效问题入手来确定目标任务,任务分析缺乏针对性且费时费力;第三,该流程缺少对培训以外的其他干预措施的考量,从绩效改进的视角来看,当员工知识技能缺乏时,一些绩效支持手段相对于培训,可以更快速地以较低成本来解决绩效问题,而任务分析本身也可以为干预措施的选择提供一些参考信息。以上种种问题也是本书期望改进和完善的地方。

第三节 基于胜任力模型的培训内容开发

除基于任务分析结果进行培训内容开发外,在企业实践中,基于胜任力模型的企业培训内容开发也很普遍。这也是本节关注的主题。

一、胜任力与胜任力模型

"胜任力"(competency)一词是 1973 年哈佛心理学家戴维·麦克利兰(David McClelland)在《测试胜任力而不是智力》(Testing for Competence Rather Than for Intelligence)一文中提出的(McClelland,1973)。目前普遍认为,胜任力是动机、特质、自我概念、态度、价值观、某领域的知识、认知或行为技能等任何可以被可靠测量并且能够将表现优秀者和一般者区分开来的个体特征(Spencer & Spencer,1993)。

胜任力的基本假设有三个:第一,胜任力是个性特征的组合,不仅包含知识、技能等外显部分,还包括不易察觉的价值观、个性特质、动机等;第二,胜任力是与绩效密切相关的,胜任力的高低最终体现了员工工作绩效水平的差异,只有那些能够对绩效产生预测作用的个体特征才属于胜任力;第三,胜任力是可衡量、可分级的,即使是冰山下的个性特征,也可以利用多种方法对其进行衡量与评估,而且可用于区分优秀业绩者和普通业绩者。

不同岗位的胜任力有所不同,一般分为三类:通用胜任力、专业胜任力和领导力胜任力。通用胜任力指所有组织成员都应具备的基本胜任力和行为要素,一般涵盖企业文化或企业核心价值观等要求。常见的通用胜任力包括员工服务意识、团队精神等。专业胜任力指员工为完成某一类专业业务活动所必须具备的能力与行为要素。销售、研发、技术等不同职业或岗位的胜任力各不相同。领导力胜任力是各级领导者的领导力和管理胜任力及行为要素。不同管理层级如基层(班组长、主管)、中层(经理)和高层(总监、总经理)等的胜任力要求不同。

"胜任力模型"(competence model)是在胜任力基础上发展出来的另一重要概念,是担任某一特定的任务角色所需要具备的胜任特征的总和,即针对特定职位表现优异的那些要求结合起来的胜任特征结构(Bartram, 2004; Schippmann, et al., 2000)。完整的胜任力模型一般包含若干个胜任力条目,如微软公司每个职位的胜任力条目为 8~14 个,波音公司每个职位包括10~12 个基础胜任力和 10~12 个技术胜任力。每个胜任力条目又包括三个要素:胜任力条目名称、胜任力条目描述和行为指标等级的操作性说明。如研发人员的"团队合作"这一胜任力条目,其特征描述为"个人愿意作为群体中的一个成员,与群体中的其他人一起协作完成任务,而不是单独地或采取竞争的方式从事工作"。该胜任力条目又从初级到高级分为四个等级,每个等级有对应的描述以及有针对性的案例分析,分级标准的制定非常细致,可以根据胜任力模型准确评价员工某个胜任力条目的等级。

胜任力模型能够帮助企业快速搭建内部人才标准,其应用有很多,包括招聘、绩效管理、培训设计和职业路径的设计等等。如基于胜任力模型对员工进行招聘时,可以对照岗位胜任力标准对员工的价值观和过去所表现出来的能力进行判断,预测应聘者在该应聘岗位的未来表现,进而做出相应的选用决策。基于胜任力模型对设计培训时,可以参照胜任力模型评定各层次员工现有的能力水平和素质现状,发现员工的能力素质短板,对症下药,有针对性地设计培训课程。

二、基于胜任力模型的培训内容开发

基于胜任力模型的培训针对员工所需的胜任力特征进行有效的培训,从而实现员工绩效提升。其特色包括:第一,在需求分析上,基于胜任力模型的培训可以找出影响绩效表现的关键胜任力指标在现状和理想状态之间的差距;第二,在培训方式上,基于胜任力模型的培训关注行为改变,而非知识技能的传授;第三,在效果评估上,基于胜任力模型的培训更关注胜任力行为改变和绩效提升(张登印等,2014)。基于胜任力模型的培训内容开发流程一般包括:构建胜任力模型;进行培训需求分析以明确目标胜任力;逐层分解岗位胜任力来确定培训目标;根据培训目标选择培训内容。其中,最重要的一步是构建胜任力模型。如果企业已经建立了胜任力模型,只需要通过需求分析明确目标胜任力,并将胜任力进一步细分,剖析出各胜任要素的内涵、外延、行为特征、行为案例等最小单元,并将其进行汇总、归纳、总结和提炼,并以此为基础撰写行为目标和使能目标,并依据培训目标找出培训内容即可。我们这里主要说明一下如何构建胜任力模型。

构建胜任力模型的方法有很多,包括战略演绎法、行为事件访谈法(BEI)、焦点小组和问卷调查法等。所谓战略演绎法是对企业的战略规划、企业文化和业务发展进行演绎推断,从中明确公司需要的胜任力素质,并在此基础上完善能力行为描述。焦点小组和问卷调查法则邀请管理者和关键人才组成焦点小组,讨论业务成功的关键要素,并抽取合适的样本人群进行问卷调查,收集工作所需知识和技能等信息。我们这里以比较常用的行为事件访谈法为例来介绍胜任力模型的构建。

行为事件访谈法(behavioral event interview,BEI)是以获取被访者行为事件为主要目的开放式行为回顾探察技术。在使用行为事件访谈法来建立胜任力模型时,操作者要对绩优组与绩效普通组在工作中的关键行为事件进行编码与梳理统计,进而获得两组之间存在显著差异的胜任力条目。根据相关文献整理,我们发现基于行为事件访谈法的胜任力模型构建大概包含四个步骤:资料梳理与准备,行为事件信息收集,访谈资料编码统计,以及最后的模型验证,如图2-2所示。

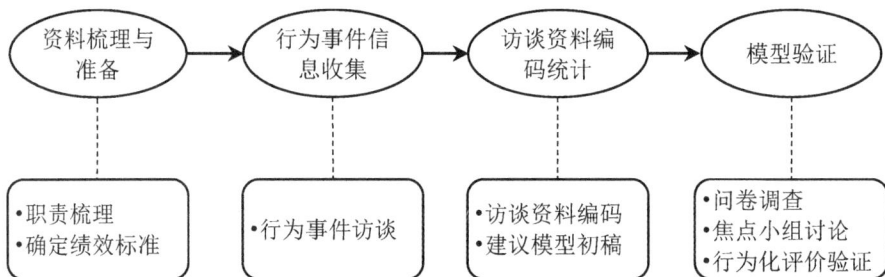

图2-2　基于行为事件访谈法的胜任力模型构建

　　资料梳理与准备阶段要收集、整理和分析岗位相关资料,以熟悉建模岗位的工作职责和典型工作情景,了解岗位工作特点。此外,这一环节最重要的是确定绩效标准。所谓绩效标准是鉴别优秀员工与一般员工的标准。绩效标准的确定可以由企业专家小组讨论确定,也可以由上级领导直接给出。企业可以根据自身的规模、目标、资源等选择合适的绩效标准定义方法。

　　行为事件信息收集阶段要求操作者使用行为事件访谈法收集被访员工在工作中发生的关键事件,包括成功事件和不成功事件,一般各需要2～3件。行为事件的收集要尽可能详细,包括发生的时间、相关人物、起因、过程、结果、产生的影响以及当事人当时的所思所想等。访谈对象的选择可以参考近几年岗位员工的绩效考核得分或等级,也可以由上级领导推荐,一般每个建模岗位被访谈人数应不少于20人,绩优与绩普人员比例为3:2,样本越少,绩优人员占访谈总人数的比例应越高。

　　访谈资料编码与统计阶段的工作包括两个方面:确定受访者所表现出来的胜任力名称和找出绩优组与普通组之间的胜任力差异。确定受访者所表现出来的胜任力名称需要采用胜任力词典进行编码，找出胜任力特征在访谈报告中出现的位置、胜任力特征的名称、行为等级等。有些胜任力特征可能无法在通用词典里找到，这就需要编码者进行自主分析、归纳、命名和定义，进而确定行为等级和做行为描述，把它补充进编码词典。找出绩优组与普通组之间的胜任力差异，需要比较两组在每个胜任力特征在各项指标上的差异，如出现的频次、等级得分情况等。有显著差异的条目将作为重要的胜任力特征纳入胜任力假设模型。

最后模型验证阶段主要验证胜任力模型的效度，即要证明胜任力模型是有效的，是能够区分绩优员工与普通员工的。一般采用问卷调查、专家焦点小组讨论与行为化验证等方式进行，对胜任力模型初稿进行验证与修订。

需要说明的是，在构建完胜任力后，员工是否需要培训还主要取决于两方面：一是员工当前的胜任力水平与岗位胜任力要求是否有差距；二是员工当前胜任力水平是否能达到新的职位或组要提出的新要求。此外，并非所有的胜任力差距都可以通过培训来消除。如责任心等胜任力难以培训，或许更需要在招聘选拔时予以关注。在确定具体的培训需求时，可以通过重要性—可塑性矩阵来决定。只有重要性高且可塑性强的胜任力才可作为培训的重点。

第四节　企业培训内容开发的现实与困境

前三节我们分别介绍了三种企业培训内容开发方法：直接从培训总目标获得培训内容、基于任务分析的培训内容开发和基于胜任力模型的培训内容开发。当前三种方法都在企业中使用，但也一直存在争议。有人认为，企业培训应以岗位为主线，以岗位要求为标准，胜任力模型的起点也是岗位或工作任务的职责和要求；也有人认为，胜任力导向的培训课程开发更能引发员工行为的改变；还有人指出，胜任力和任务本身就是交融的，没有那么大的差异。为了更清晰地了解企业培训内容开发的现状，我们尝试对比分析三种企业培训内容开发方法,特别是对比分析基于任务分析的培训内容开发和基于胜任力模型的培训内容开发之间的差异,并在此基础上明确当前企业培训内容开发的现实困境。

一、企业培训内容开发方法的对比分析

三种企业培训内容开发方法各有特点。从培训总目标获得培训内容更加关注绩效问题,通过绩效分析获得培训总目标并把总目标进一步细化;而基于任务分析的培训内容开发通过对岗位和任务的清晰了解,来寻找岗位所需的知识技能等;而基于胜任力模型的培训内容开发则从员工的视角,关注处于不同层级的员工所需的能力,而不仅是知识技能。三种方法的侧重点不同,各有所长,但与此同时也各有不足。一些质疑声也正是针对这些不足出现的。

(一)对任务分析和胜任力模型的质疑

目前对任务分析的批判主要集中在三点:第一,任务分析主要关注当前的工作要求,而不考虑未来的工作需求;第二,任务分析,特别是岗位/职位分析很难与企业战略建立关联,大多在员工而非领导层次使用;第三,当前任务分析主要关注可观察的行为任务,容易忽略复杂的认知任务。

而对胜任力模型最大的批判是其主观性太强,远没有任务分析规范和严谨。一些研究证实,在严谨性的 10 个维度上(调查方法,信度评估,存档,以及与企业目标和战略的联系等),胜任力模型只有在"与企业目标和战略的关联"这一项上得分较高,而任务分析在其他方面都更严谨(Schippmann et al.,2000;Sackett & Laczo,2003)。此外,也有研究者认为,胜任力模型常常是工作和员工相关的知识、技能和能力等大杂烩,很多概念界定不清,也缺乏有效性验证,甚至实践者都不知道如何实施胜任力模型(Pearlman,1997;Stone et al.,2013)。此外,关于胜任力模型的分解粒度的问题,即胜任力分解到什么程度比较合适也没有明确答案。

（二）任务分析和胜任力模型的区别与联系

有研究者从六个维度对比了任务分析和胜任力模型的差异，分别为：目的、对"工作"的认识视角、关注的焦点、时间定位、表现水准和测量方法（Sanchez & Levine，2009），如表 2－2 所示。这种对比在一定程度上揭示了二者的差异。

表 2－2　任务分析和胜任力模型的差异

维　　度	传统岗位/职位分析	胜任力模型
目的	描述行为	影响行为
对"工作"的认识视角	一个被描述的对象	担当的角色
关注的焦点	工作	组织
时间定位	过去	未来
表现水准	典型	最大
测量方法	潜在特质	临床诊断

通过这六个维度的比较，我们可以发现，任务分析和胜任力模型是两种不同的人力资源管理工具。任务分析侧重于任务描述，其目的是更好地理解和衡量工作任务，而胜任力模型试图影响工作任务，使其以与组织战略一致的方式被完成。任务分析经常用于人力资源管理的各个领域，如招聘、培训、薪酬等，而胜任力模型则与组织目标更紧密相关，更常作为战略执行的工具。在一些方面，胜任力好像弥补了任务分析的缺点。如胜任力模型会直接或者间接地考虑未来的工作要求，更关注与员工绩效有关的知识、技能和能力，且胜任力模型常常与企业战略挂钩。

然而，很多研究者认为胜任力模型开发的基础是任务分析，二者之间的区别并不明显，而且胜任力模型所谓的"与企业战略相关联"，也可以通过任务分析实现（Barrett & Callahan，1997；Mirabile，1997；Lucia & Lepsinger，1999；Rodriguez et al.，2002；Lievens et al.，2004；Ruggeberg，2007；Stone et al.，2013)。

(三)本书观点

本书认为,任务分析和胜任力模型的关注角度不同,任务是从客体的角度来说的,而胜任力是从员工的角度来描述的。面向企业培训的任务分析或者胜任力模型的最终目的都是获得培训需要的知识、技能等,只是二者的分析维度不同。任务分析是工作定向的分析方法,主要针对工作本身的要素进行分析和评价;而胜任力是工作者定向的分析方法,主要强调概括工作者的工作行为。二者都需要对工作岗位有系统了解。

就操作规范性和严谨性而言,正如许多研究者提到的那样,任务分析方法并没有直接地得出任务所需的知识、技能和能力等,而是先把任务分解为一系列可以管理的步骤,在方法上更严谨。而胜任力的析出过程更像是一个推理飞跃的过程,先要员工回忆起相关的工作事件,再编码整合得到胜任力。然而,回忆本身可能加入想象的成分,也许会跟现实存在的任务有所区别,这样得出的胜任力模型也可能难以令人信服(Lopez et al.，1981;Prien et al.，2004)。此外,胜任力模型本身依赖于任务分析得出的结果,是对多个任务、工作、职责的概括,其最终依据仍是具体的工作内容。因此,对任务的准确描述是整个企业培训内容开发的基础。

此外,任务是一个可以独立研究的单元。工作是由职责组成的,职责是由任务来履行的。相对来说,任务是相对独立存在的单元。这在企业实践中是具备实际意义的。如果能够通过任务分析得出针对任务的解决方案,获得如何做任务,如何教会员工更好地做任务方面的信息,员工个人层次的绩效改进就可以找到解决方案。

因此,本书认为,任何获得培训内容的方法都需要再现或者是模拟工作过程,都需要对岗位有足够的了解,这个基础是一样的。任务分析不合格或者没有切中待培训的任务将直接影响企业培训内容的确定。出于以上思考,本书把企业培训内容开发的关注点放在了任务分析上。与此同时,本书也认为,解决绩效问题、满足岗位要求和提升员工能力素质都是企业培训内容开发的重点,也是本书努力的方向。

二、面向企业培训的任务分析的困境

在对三种企业培训内容开发方法的对比分析部分,我们已经旗帜鲜明地提出了基于任务分析进行企业培训的优势。然而,由于任务分析研究的不足,当前面向企业培训的任务分析存在诸多局限,经常是"执行最差甚至直接忽略的教学设计过程成分"。具体包括:

（一）工作任务分析与学习内容分析厚此薄彼且关联性弱

本书把"任务分析"分为"工作任务分析"和"学习任务分析"两个阶段。工作任务分析辨别出执行某一工作所需要的所有子任务或步骤,主要回答"这项工作或者职责怎么做";学习任务分析基于工作任务分析的结果进行,主要回答"学习者需要学习哪些内容才能完成这项任务",并在此基础上确定教学内容和具体化教学目标。本书中的"任务分析"是对两个阶段的统称,最终目的是设计符合岗位要求的教学。

然而,教育技术领域的研究者更多关注如何获得完成某一任务所需的知识技能等,即更侧重于本书中的"学习任务分析"或者直接把任务分析等同于学习任务分析,而对工作任务分析的关注较少。如迪克和凯瑞教学设计模型中的"教学分析"(也就是本书中的任务分析)的主要目的是确定教学应该涵盖的技能与知识,包括目标分析和下位技能分析。持同样观点的还有很多,如著名的教学设计专家史密斯雷根、乌美娜、李龙和皮连生等(Smith & Ragan,2005;乌美娜,1994;李龙,2010;皮连生,2003)。人力资源管理领域的情况恰恰相反,学者们对任务分析的认识更多是工作任务分析,而对学习任务分析的关注较少,即更加关注把工作分解的过程,而较少关注如何获得与岗位相关的学习内容。各大人力资源管理的著作或教材充分体现了这一点。

事实上,工作任务分析的结果是任务列表,是关于任务是什么,如何做的信息;而教学任务分析则关注教授哪些内容使学习者能够完成这项任务,二者是紧密关联的。如果顾此失彼,则很可能导致开发的培训课程没有针对性,不能达到预期的培训效果,也造成了资源的浪费。然而现实生活中,这一问题正在发生。不少企业培训实践人员提到,不清楚岗位分析或胜任力与系统教学设计的关系,不清楚如何将他们建立关联,进而用到实践中去。此外,也有不少实践人员反馈说,不清楚任务分析和学习目标存在什么关联,也不确定编写的学习目标能否满足岗位需要。

本书认为,工作任务分析和学习任务分析都是培训内容开发的重要环节,两者相互配合构成了联结工作任务和学习目标的桥梁,绝不能厚此薄彼。如何把任务分析结果与教学目标建立关联,如何把工作任务分析和学习任务分析协同发挥作用,是当前任务分析研究要解决的关键问题。只有解决这些问题,才能使企业培训贴合工作要求,才能使教学设计在企业培训中真正发挥作用。

(二)重视学习结果分类而忽视企业任务与企业知识分类

根据不同任务类型选择不同的任务分析方法这一观点已经得到了广泛认可。教育技术领域中关于学习结果分类以及不同学习结果对应的任务分析方法的研究已经有很多,如言语信息、智力技能(辨别、形成概念、规则和高级规则)、认知策略、动作技能和态度等五大学习结果分类(Gagne,1985);适用于任何学科的三种知识类型划分:信息、心智程序和心理动作程序(Marzano,2007);聚焦于高层次的认知、元认知和情感性学习结果的学习结果分类(Jonassen,1996)。对应不同的学习结果分类,适用于智力技能类学习结果的方法有层级分析法、信息加工法等,适用于言语信息的有主题分析法,此外还有分析人际技能的关键动因法等。以上研究都为学习任务分析提供了重要依据。然而,关于工作任务分析的相关理论还较为欠缺,如企业任务类型的划分,不同任务包含的企业知识是否存在差异等。特别需要强调的是,企业任务划分和企业知识分类正是企业培训与学校教学的重要区别。企业培训内容大多不是从理论完整的学科中来,而是与具体岗位任务紧密关联。在企业培训中,只有先了解企业任务类型,了解不同任务所包含的企业知识，才能有针对性地确定教学内容。

就工作任务划分而言，当前应用比较多的工作任务的划分有两种：一种是把任务划分为认知任务和行动任务（Reddout，1987）；另一种是把任务划分为程序型、过程型、故障排除型和智力型四种类型（Swanson & Gradous，1986）。事实上，任务分类是对任务贴标签的行为，需要从外显行为和内隐认知状态等角度做出更合理的区分。特别是当前企业岗位任务的复杂性和多样性快速增加，只有借助合理的企业任务划分才能更充分地分析工作任务，才能了解任务的特点，进而为后续的学习内容的获得打下基础，这也是本书需要解决的一个重要问题。

除了企业任务的划分外，还有一个待解决的问题是不同的工作任务分别需要哪些类型的知识技能。企业任务需要的知识技能可能包含学科知识，也可能包含特有的企业知识。一些企业知识很难在学科知识中找到，而是以经验或者说隐性知识的形式存在的，如某产品销售的窍门等。这些知识往往是某企业或个人拥有的，仅限于其自身范围内而不向外传播的知识，并且往往是一些秘诀和窍门。与此同时，还有一些如企业内谁知道什么事情、谁知道如何做某些事情的信息或者知识也很重要。这可以与有关专家建立联系，并有效地利用其知识。从某种意义上说，企业中的这类知识比其他类型的知识更具有现实意义。不幸的是，已有研究对企业知识分类的关注较少，难以为企业培训内容开发提供有力的支撑。

（三）复杂认知任务分析与企业知识萃取都面临方法上的挑战

前面我们已经提到，不同的任务类型需要的企业知识不同，也需要相应选择不同的任务分析方法。然而当前复杂认知任务分析和企业知识萃取（也称为组织经验萃取）两方面都存在操作困难，使实践应用难以落地。

第一，复杂认知任务的分析方法还比较欠缺。当前的任务分析主要集中在单个或者多个程序性任务，而缺少对"迁移任务"的关注。"迁移任务"发生在相对多样化的环境里，在这种情境中学习者一般不需要学会操作具体的任务，而需要清晰地认识到任务的特性（如原理、规则或概念）（Branson

& Grow,1987)。复杂认知任务一般都同时包括程序性任务和"迁移任务"（Ryder & Redding,1993）。传统的任务分析方法可以用来分析具有固定程序序列的任务,却不适用于复杂认知任务（Halff et al.,1986）。特别是,企业中的很多任务常常涉及做出决策、情境分析和问题检测等认知过程。这些认知过程的获得仅仅靠行为任务分析方法是不够的,并不能完全把握复杂工作任务的认知过程和认知结构（Cooke,1992;Schaafstal et al.,2000）。其中的原因是,行为任务分析方法多靠观察和口头报告等方式进行,而一些非常重要的步骤或者决策出现的频率不高,很难在第一时间被充分地观察到,此外由于专家的知识模块化和自动化程度较高,他作为被学习的榜样很多时候并不清楚哪些行为是初学者要特别注意的（Clark & Estes,1996;Merrill,2002;Velmahos et al.,2004）。相对而言,认知任务分析方法能够捕捉更完整和精确的关于行为目标、概念性和程序性知识、行为标准描述等方面的信息,进而更好地来复制专家完成复杂任务的行为活动（Clark et al.,2008）。然而,一方面是许多复杂认知任务找不到合适的任务分析方法;另一方面,很多教学设计人员并没有关注到或者没有使用认知任务分析方法。如何使认知任务分析方法应用到具体的任务分析中是当前教学设计理论发展亟须解决的重要问题,也将是本书的重要任务。

第二,企业隐性知识也被称为组织经验,是企业的宝贵财富,但其获得也存在一些困难。隐性知识的获得其实是隐性知识的显性化过程。这与基于任务分析进行培训内容开发的基本思想是相符的,即通过观察高度熟练的工人来获得并复制他们在做某项工作时所表现的精确行动,来培训没有经验的工人来完成必需的工作。相对于其他方法来说,通过精确识别专家认知过程来设计培训材料要更有效。然而,隐性知识显性化困难重重。一方面,专家的很多知识由于长期持续的练习已经达到了自动化。这种自动化有助于提升反应速度,节省"工作记忆"空间,却很多时候"只可意会不可言传",甚至专家自身都意识不到这一问题。很多认知研究证实了这一点（Glaser et al.,,1985;Besnard,2000;Wegner,2002;Feldon,2004 ;Clark &

Elen，2006；Feldon & Clark，2006；Clark et al.，2010 ；Yates & Clark，2012）。如今知识型工作岗位越来越多，越来越多的企业开始关注如何把隐性知识显性化的问题。在 2021 年的中国企业在线学习大会上，众多企业提到了"组织经验萃取"，即把优秀员工的经验萃取出来，开发出相应的培训课程供其他员工学习。很多实践人员认为组织经验萃取是做到"内容为王"进而开发出精品课程和培训项目的关键。然而，如何进行隐性知识的显性化以实现组织经验的萃取还需要我们进一步思考与研究。

本书认为，从程序性任务到复杂认知任务，从关注外显的行为到关注内隐的认知方式、情境、活动和内容等的阵地转移，是企业培训内容开发的必然发展趋势。任务分析不仅要识别可观察的任务，还要找出专家大脑中的"知识地图"。教学设计师要在专家描述的基础上，采用专业的任务分析方法，把专家展示出的"部分地图"补充完整，或者把专家并不清楚的"地图"描绘出来。任务分析要超越专家的描述或操作案例的展示，获得更广阔的认知地图。这是教学设计师的工作重点和难点，也是任务分析理论面临的新挑战。

（四）过度依赖专家，缺少规范的操作流程和支持工具

任务分析很大程度上是依赖于专家进行的。其背后的假设是如果能够完整地获得专家在解决问题时的分析和决策过程，我们就能够更好地复制专家技能。此外，学习者也可以获得更充分的信息，进而减少失误的时间，提高学习和教学的效率。然而，当前对任务分析的主要批判也是过度依赖业务专家。有研究者认为业务专家虽然可以较为详细地给出对于某项任务如何完成的个人理解，但也可能存在偏差。一方面由于多年的经验积累，专家们已经形成了个人的"技巧"或"捷径"，这些技巧可能需要一些额外的知识或技能，而新手可能并不具备这些知识技能，从而无法复制专家的行为；另一方面，专家可能积累了很多实践经验，却没有真正地达到技术上的深度理解，而且专家的沟通交流能力也会影响信息的获取（Bell et al.，2009）。此外，专家自身在报告时也很容易遗漏或弄错一些重要的已经形成自动化的

专业知识。

正因为如此,教学设计师的作用才举足轻重。教学设计师需要与专家配合完成任务分析全过程,要通过规范的流程和有效的工具来保证任务分析的信度和效度。这也是教学设计师的专业性所在。随着企业越来越认识到课程开发技术的重要性,为教学设计师建立任务分析的规范化流程,并提供有效的支持工具越来越重要,这不仅需要教学设计师的实践探索,更需要研究者的贡献,本书也将努力有所贡献。

小结

✓ 已有的研究中,企业培训内容开发的方法主要有三种:直接从培训总目标获得培训内容,基于任务分析得出培训内容和基于胜任力得出培训内容。

✓ 直接从培训总目标获得培训内容是通过培训总目标分析把培训总目标转化为具体可测量的教学目标,进而选择和确定培训内容的过程。该方法操作方便易上手,但也存在很大的主观性,实践操作的可行性值得怀疑。

✓ 基于任务分析得出培训内容的方法以 SCID 为代表。工作分析和任务分析是 SCID 模型培训内容开发的核心所在。

✓ SCID 中的工作分析主要采用 DACUM 方法。DACUM 通过大约两天的工作坊来识别某个职业或岗位的职责和任务,参与者包括受过专业训练的 DACUM 导引师和由 5～12 名优秀员工组成的专家组,有时也有协调员、记录员和观察者等参与其中。DACUM 工作坊的流程一般由导引师把控,通常包括以下步骤:①向专家组介绍 DACUM 的基本情况及流程;②从整体上审查待分析的工作/职业;③找出并确定各项职责;④找出并确定操作每项职责所需要的工作任务;⑤列出完成工作所需要的一般知识和技能;⑥重新审查/调整职责和工作任务描述。

✓ SCID 中的任务分析在工作分析、任务确认和选择培训任务之后进行。任务分析将每个选定的任务分解为其教学要素,包括执行任务的步骤、所需的知识、安全考虑、要达到的标准等等。任务分析师一般需要与两到三名专家型员工进行面谈,以收集数据。

✓ 胜任力是动机、特质、自我概念、态度、价值观、某领域的知识、认知或行为技能等任何可以被可靠测量并且能够将表现优秀者和一般者区分开来的个体特征。胜任力模型是担任某一特定的任务角色所需要具备的胜任特征的总和,即针对特定职位表现优异的那些要求结合起来的胜任特征结构。

✓ 基于胜任力模型的培训针对员工所需的胜任力特征进行有效的培训,从而实现员工绩效提升。基于胜任力模型的培训内容开发流程一般包括:构建胜任力模型;进行培训需求分析以明确目标胜任力;逐层分解岗位胜任力来确定培训目标;根据培训目标选择培训内容。其中,最重要的一步是构建胜任力模型。比较常用的构建胜任力模型的方法是行为事件访谈法。

✓ 三种企业培训内容开发的方法都在企业中使用,但也都存在质疑。对任务分析的批判主要集中在容易忽略复杂认知任务,不考虑未来的工作需求且跟企业战略很难建立关联。对胜任力模型最大的批判则是其主观性太强,远没有任务分析严谨规范。

✓ 本书认为,任务分析和胜任力模型的关注角度不同,任务是从客体的角度来说的,而胜任力是从员工的角度来描述的。面向企业培训的任务分析或者胜任力模型的最终目的都是获得培训需要的知识、技能等,只是二者的分析维度不同。任务分析是工作定向的分析方法,主要针对工作本身的要素进行分析和评价;而胜任力是工作者定向的分析方法,主要强调概括工作者的工作行为。二者都需要对工作岗位有系统了解。

✓ 本书认为,任何获得培训内容的方法都需要再现或者是模拟工作过程,都需要对岗位有足够的了解,这个基础是一样的。本书把企业培训内容开发的关注点放在了任务分析上。

✓ 由于任务分析研究的不足,当前面向企业培训的任务分析存在诸多局限,经常是"执行最差甚至直接忽略的教学设计过程成分"。具体包括:工作任务分析与学习内容分析厚此薄彼且关联性弱;重视学习结果分类而忽视企业知识分类;复杂认知任务分析与企业知识萃取都面临方法上的挑战;过度依赖专家,缺少规范的操作流程和支持工具。

✓ 本书是一系列基于设计研究的产物。本书最大的特色是建构了面向企业培训内容
开发的任务分析的概念模型和基于任务分析的企业培训内容开发操作模型。模型
从概念化阶段到操作化阶段,再到具体的流程和工具的设计,层层深入,建立了从
理论到实践的联结。

第三章

面向企业培训内容开发的任务分析概念模型

第一章我们梳理了任务分析与企业培训的相关概念,界定了面向企业培训内容开发的任务分析的内涵。第二章,我们概述了三种企业培训内容开发方法,并指出了面向企业培训内容开发的任务分析的现实困境。第三章和第四章我们尝试建构面向企业培训内容开发的任务分析模型,以更好地完善任务分析理论。理论建构首先要通过概念化阶段建立概念模型,然后通过操作化阶段对概念模型进行操作化,建立概念模型和实践之间的联系。本章主要关注的是概念模型的建构,即面向企业培训内容开发的任务分析概念模型。本章共包括四节:企业培训内容的再定义、工作任务分析的理论建构、学习任务分析的理论建构和最终概念模型的建构。

第一节　企业培训内容的再定义

本书主要关注的是面向企业培训内容开发的任务分析,对企业培训学习内容的理解是本书的基础。关于企业培训内容的定义已经有很多,在这一节,我们首先区分了教学内容与信息、知识,然后从知识的角度来再认识企业培训内容。

一、信息、知识与教学内容

信息来源于采集,采集对象分为自在之物(人类至今没有改变属性的客观事物,如天体系统)和人为之物(如技术含量低的工农业产品和技术含量高的知识产品),采集后的信息包括本体论信息和认识论信息(张守一,2011)。信息强调真实性,其表现形式包括资料、数据、消息、情报、新闻等等。信息是能够在图书馆、媒体中心、博物馆、因特网、书面文件及别人的头脑中找到的外在的东西,而知识则是学习者内在的品质(Hauenstein,1998)。教科书中呈现的内容或网络上的信息都不能算是知识,除非经过学习者阅读、收看、倾听等方式来把握要点,理解意义,形成见识之后,才可能发生由信息或内容向知识的转化,如图 3-1 所示。

图 3-1 信息与知识的区别

对照图 3-1,我们来看教学的发生过程。简单来说,任何教学系统都由输入、过程、输出和评价性反馈四个要素构成。这其中的输入部分就是信息,是他人的或外在的知识,即通常意义上的学习内容。学习的过程即是把信息或者说学习内容经过大脑加工形成个人知识的过程。学习者经过学习活动等大脑加工过程后,教学系统输出为学习的结果,即有知识、有情操、有胜任力的人。在整个系统运作过程中,可以根据学习监控和评估的反馈信息对系统运作做出调整。

需要注意的是,信息可以通过加工形成知识,但信息并不能包含所有的知识。人类知识分成显性知识和隐性知识两种类型(Polanyi,1966)。显性知识是指可以用正式的、系统的语言所传递的知识,是具体的或者说是"数字"的。这类知识除了以大脑为载体外,还可以形成知识产品记录在图书馆、档案文件、数据库中。而隐性知识根植于行动和具体的情境中,具有个人的成分,知识的载体是人的大脑,很难形式化和交流。由此可见,信息只包含了显性知识,而不包含隐性知识。此外,由于自在之物是信息的来源之一,没有经过加工,不产生知识(张守一,2011),所以信息的范围比知识的范围大。信息与知识的关系,如图 3-2 所示。

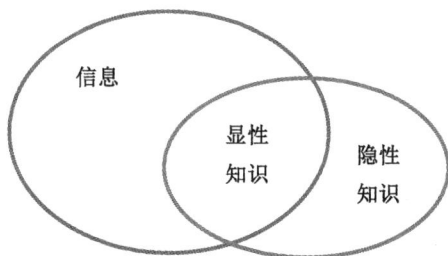

图 3-2　信息与知识的关系

"教学内容"是依据选定的学科或主题而挑选的部分信息(Hauenstein, 1998)。课堂里传递的教师的知识或教材的知识统称为"他人的知识",他们对学生而言只是"信息"。这些信息作为一种输入可以借助教科书、媒体、教师讲授、图书馆和因特网等各种手段来实现信息的传递。由此可见,"教学内容"是部分信息或者称为"他人的知识",这里的"他人的知识"一定是被显性化的知识信息,知识如果仅仅贮存在别人的大脑中,不通过语言、行动或者其他媒介表现出来的话,隐性的知识是很难形成教学内容的,因为他人不可能知道这些知识的存在,更不会知道这些知识是什么。信息、知识和教学内容的关系,如图 3-3 所示。

图 3-3 中,教学内容只是经过选择后的部分信息,是显性化的他人的知识。隐性知识不能直接作为教学内容存在,只有显性化的隐性知识才可能成为教学内容。

二、从知识形态认识企业培训内容

豪恩斯坦将教学内容分为符号性信息(symbolic information)、描述性

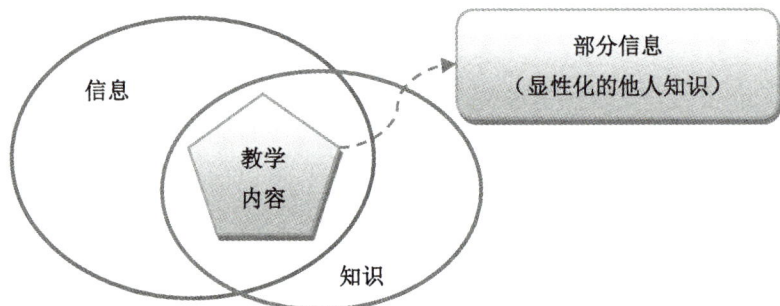

图 3-3　信息、知识与教学内容的关系

信息(descriptive information)、处方性信息(prescriptive information)和技术性信息(technological information)四类(Hauenstein,1998)。其中符号性信息旨在表征观念和概念,为达成沟通理解服务。描述性信息用来表示某种现象(一种可观察的事实和事件)及其相互关系。处方性信息的功能是做出是非、真假和善恶等价值判断,体现为"应该是什么"的概念或观念。最后,技术性信息则是"做什么"和"如何做"的内容,包括使用工具、材料,并不断操练达到熟能生巧,其目的是为了提高行为的效果与效率。一般来说,描述性信息和符号性信息是认知领域目标的学习内容,主要回答是什么和为什么的问题;处方性信息是情感领域目标的学习内容,主要回答应该是什么的问题;技术性信息是心理动作领域目标的学习内容,主要回答做什么和如何做的问题。

对企业培训内容而言,企业员工一般需要"是什么"的知识,了解相应的概念以完成工作。而"为什么"的知识是产业中技术进步和产品工艺发展的基础,但企业一般不会让员工花大量的时间在"为什么"的知识上。其中的原因是,企业是以营利为目的的,企业更关心如何做,如何快速地将企业培训内容转化为行为表现,而"为什么"的知识常常脱离实践应用,难以在短时间内达到学以致用的效果。当然,员工可以根据兴趣继续研究"为什么"的知识。相对而言,企业培训更关注的是"如何做"的知识。如果说,"是什么"

和"为什么"的知识更多是事实、原理、概念、理论体系等知识的话,"如何做"更多是步骤和顺序,提供了对环境做出行动的路径,更符合企业需要。还要说明的是,情感领域目标的学习内容,即"应该是什么"的问题企业培训中也会有所涉及,但一般不是关注的重点。

需要注意的是,企业培训中的很多"如何做"的知识不是以显性的学科知识的形式存在的,还包括以隐性知识存在的经验、技术、技巧等。经验是企业培训独有的,学校教育一般不会把传授经验当作教学内容。相反,企业则非常重视经验传授,常常将"组织经验"当成是培训内容的重要方面。组织经验是介于通用的学科理论、方法论、模型与企业自身优秀的工作案例之间的抽象知识,即一些有利于提升工作绩效的技巧和方法,大多是员工通过实践和经验总结获得的一些"绝招"和"窍门"(李文德,2020)。组织经验经过萃取后,可以通过培训迅速传播复制,省去员工个人摸索的过程,从而加速员工成长。越来越多的企业已经认识到组织经验提炼对提高培训质量的重要性。基于以上考虑,我们把企业培训内容初步界定为知识和经验的集合,如图 3-4 所示。

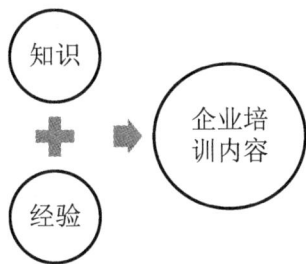

图 3-4　企业培训内容的初步界定

图 3-4 中,本书把企业培训内容初步界定为知识和经验两种类型。由于学校教学的内容一般是经过科学研究广泛证实的科学知识,所以经验一般不作为学校教学内容。与学校教育不同,企业培训的最终目的是帮助企业解决绩效问题而不是传授真理,而经验本身也许尚未上升到科学理论高

度,但是可以解决企业业务问题,是符合企业要求的、有价值的培训内容。需要注意的是,由于没有经过广泛验证,经验可能具有一定的片面性和局限性,大多数经验也许只对某个或某些企业适用,也只能在某企业内部传播,难以推广复制到整个行业。

那经验和知识的关系如何呢? 这里我们做进一步说明。一般来说,经验是认识的第一步,是一切知识的源泉。所谓经验通常指感觉经验、感性认识,是人们在社会实践中产生的感性认识,是客观事物在人们头脑中的反映。经验与人对世界的个人感受不同,个人感受是主观心理状态,是局限于个人的,而经验是认识者带着普遍的意图,在接触外部实际的基础上获得的认识成果。很多经验经过科学研究是可以上升为显性的科学知识的,即在实践的基础上把感性经验上升到理性认识来把握事物的本质和规律(许征帆,1987)。当然,也有一些经验难以经过科学研究证实,将会以直觉、智慧等难以言说的知识形式存在,如图 3-5 所示。显性知识是通过人们的"逻辑推理"过程获得的,能够理性地进行反思,而隐性知识具有非理性的特征,是通过人们的身体感官或者直觉、领悟获得的,不能对它进行理性地批判。

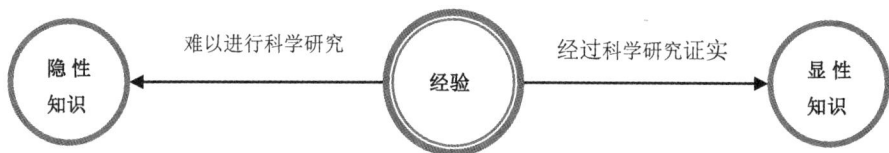

图 3-5　经验与知识的关系

图 3-5 体现了经验与知识的关系,即一些经验可以经过进一步的科学研究证实或者抽象归纳上升为理论,即显性知识。也有一些经验难以言说,也难以验证,只能以隐性知识在专家的大脑中存在。这里需要特别说明的是,隐性知识具有相对性,这里的相对性有两层含义:一是隐性知识在一定条件下可以转化为显性知识,二是相对于一个人来说是隐性知识,但是同时对另一个人来说可能已经是显性知识,反之亦然。

　　这里还有一个问题没有解决，即"所有的经验都能成为培训内容吗"。答案是否定的。前面我们提出，成为培训内容的知识一定是显性化的。因此，只有显性化的经验才可能成为培训内容。然而，并不是所有的隐性知识都能够显性化。一方面，隐性知识比较偶然，所以获取的时候就比显性知识要困难；另一方面，隐性知识总是与特定的情景紧密相联的，它总是依托特定情境存在的，是对特定的任务和情境的整体把握。这也是隐性知识的很重要的特征。从企业隐性知识的可编码程度可划分为：可编码的隐性知识、不易编码的隐性知识和（在一定时期不具备条件）不能编码的隐性知识。由于企业隐性知识的隐含性和复杂性，一般而言，可编码化或显性化的隐性知识仅占小部分，大部分不易编码或不能编码。正由于隐性知识的拥有者和使用者都很难清晰表达，所以隐性知识不能通过正规的形式，如学校教育、大众媒体等形式，而需要通过"师传徒授"等特殊方式进行传递。如何将隐性知识的显性化成为可供培训的内容我们将在后面章节进一步讨论。

　　基于以上分析，我们发现，企业培训内容包括显性知识和能够显性化的隐性知识。这里的显性知识在企业培训中以学科主题形式的学习内容为主，如是什么、为什么和部分如何做的知识。而需要进行显性化的隐性知识大多以经验的形式存在，是另一部分如何做的知识。前面提到，这类的经验知识大多与特定的情景紧密相联，以销售岗位来说，销售人员可能需要知道产品知识、客户心理、服务、每个产品的优劣势以及销售的基本流程等各种主题知识，而在具体销售情境中如何整合应用这些主题知识使销售人员更好地进行销售工作，就属于整合情境知识，也就是我们常说的"经验"。这些经验经过显性化最终在企业培训中以整合情境形式的学习内容体现。

　　本书认为，学科主题形式的学习内容和整合情境形式的学习内容都是培训内容的组成部分。整合情境形式的学习内容，可以直截了当地教会员工在具体工作情境下做什么和如何做；而学科主题形式的学习内容可以帮助员工理解操作背后的原理，即是什么、为什么以及通用的如何做的知识。然而，有很多教学设计师反馈说，现在的培训课程更多是学科主题形式的学习内容,培训完成以后员工由于不知道如何整合,所以无法在工作中应用,导致培训的转化率很低。本书对企业培训内容的界定如表3-1所示。

表3-1 本书对企业培训内容的界定

企业培训内容	学科主题形式的学习内容	整合情境形式的学习内容
知识形态	显性知识	隐性知识

至此,我们介绍完了企业培训内容的界定,即企业培训内容是经过选择后的部分信息,是显性化的他人的知识。隐性知识不能直接作为教学内容存在,只有显性化的隐性知识才可能成为教学内容。企业培训内容包括显性知识和能够显性化的隐性知识。这里的显性知识在企业培训中以学科主题形式的学习内容为主,如是什么、为什么和部分如何做的知识。而需要进行显性化的隐性知识大多以经验的形式存在,是另一部分如何做的知识。

需要说明的是,由于企业员工的学习实用性要求很高,很多企业员工只需要知道如何做,而不必知道背后的原理,即为什么的知识。根据我们前面对企业培训与职业教育的关系梳理,企业培训是对职业教育和普通教育的补充,而不是替代。而职业教育,特别是普通教育的学习内容是以学科主题为主的,比如说船舶设计人员在大学期间,一定学习过材料学、机械设计、振动学等学科课程,在企业培训时,这些学科主题的课程只是起到复习和帮助理解的作用,可以在培训时告诉员工涉及哪些学科基础知识,让员工根据这些知识找自学材料,或者快速把学科基础知识复习一遍,而如何更好地完成船舶详细设计图纸才是培训的重点。企业培训更关注的是快速提升工作效率的方法或流程,这也是面向企业培训的任务分析特别关注专家行为操作和工作流程的原因所在。

第二节　工作任务分析的理论建构

根据概念界定,"工作任务分析"把一个工作分解成各个任务成分,辨别出执行某一工作所需要的所有的子任务、信息流、输入和决策。作为面向企业培训内容开发的任务分析研究,工作任务分析的构成还需要进一步探讨。这里根据乔纳森对任务分析的目的的说明,结合岗位/职位分析、行为任务分析和认知任务分析的定义,得出了工作任务分析的构成。

一、本书对工作任务的分类

已有的工作任务分类有两种,把任务划分为认知任务和行动任务两大类型,或划分为程序型、过程型、故障排除型和智力型四种类型。其中,认知任务主要是智力活动,没有精确的步骤。而行动任务有一系列清晰界定的、可观察的步骤。程序任务是行动任务的同义词;过程任务是一个流程或者规则系统,一般包括人和过程的交互,如公司采购等;故障排除任务和过程任务相似,只是工作流程相反,如果一个机器或者系统未能正常工作,人们必须反过来看应该是怎样的,来决定问题的原因;智力任务是不可观察的,相当于前面提到的认知任务。

企业岗位众多,且不同行业的岗位划分各异。一般来说,企业岗位可划分为生产类、研发类、销售类、人力资源管理类和客户服务类等几种类型。其中,生产类岗位以技术操作类任务为主;研发类岗位以认知思维型任务为主;客户服务和销售类岗位以人际沟通型任务为主;管理岗位以决策类任务为主。其中决策类任务也可归入认知思维型任务中,如人力资源管理类任务"分析组织在环境变化中的人力资源需求状况,并制定必要的政策和措施以满足这些要求"也属于认知思维型任务。各个岗位的任务基本都包含了以上几类任务或是几种任务的组合,如汽车维修工的故障排除任务是技术操作类任务和认知思维型任务的组合。因此,本书把企业工作任务分为技术操作类任务、认知思维类任务和人际沟通类任务(见图 3 - 6)。该分类得到了企业实践人员的认可。

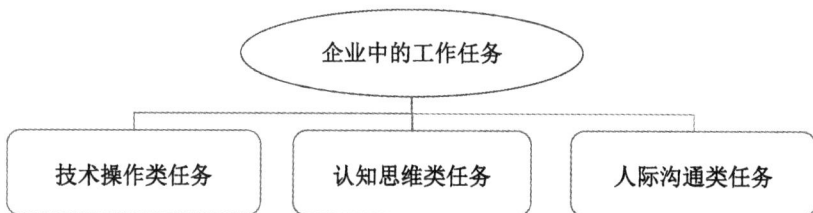

图 3 - 6   本书对工作任务的分类

图 3 - 6 中,技术操作类任务大多是基于规则的、重复性和程序性的;人际沟通类任务多是环境适应性的和人际适应性的;认知思维类任务常常需要解决抽象问题,具有思维灵活性。相对而言,技术操作类任务的分析相对容易,而认知思维类任务和人际沟通类任务的分析更加困难。当前社会进入知识经济时代,越来越多的工作要求更高的知识水平以及专家型思考、复杂交流等更高的应用技能(Trilling & Fadel,2009),对这两个任务的分析也越来越重要。

二、本书对"工作任务分析"的界定

前面我们提到,"工作任务分析"把一个工作分解成各个任务成分,辨别出执行某一工作所需要的所有子任务、信息流、输入和决策。工作任务分析主要关注人们事实上是如何完成和应该怎么完成某任务(Rothwell & Kazanas,2008)。根据之前的定义,我们可以发现,"确定工作、技能、学习目标的操作成分,包括做什么,如何做以及在做之前、做之中和做之后的思维活动等方面的信息"即是工作任务分析部分的主要工作(见图 3 - 7)。

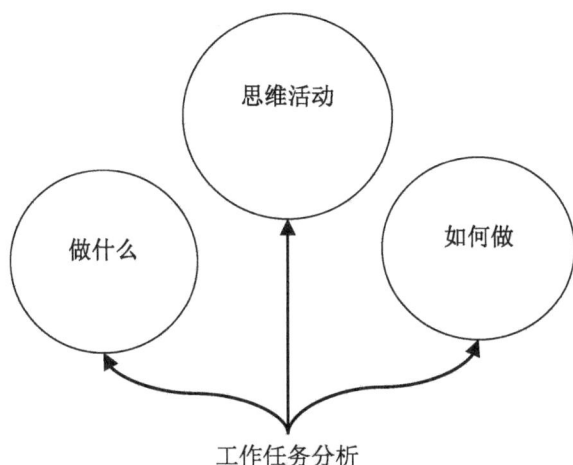

图 3-7 工作任务分析的主要工作

根据第一章的概念界定,岗位/职位分析是描述工作的内容、实质和工作情境的活动过程,其主要任务是确定工作名称、职责、活动和应具备的能力要求。即岗位/职位分析可以回答"做什么"的问题。"行为任务分析"和"认知任务分析"是任务分析不同历史发展时期的产物。"行为任务分析"主要关注操作者成功完成某项特定工作所需要的可观察的任务,大多是子任务或者操作程序(Vincente,1999;Jonassen et al.,1989)。行为任务分析的典型输出是依赖于系统特定成分的一系列的任务、子任务、输入、活动、输出、环境条件和行为标准。而认知任务分析通过捕捉位于可观察的任务行为之下的"知识、思维过程和目标结构",来对行为任务分析进行扩展和补充。认知任务分析主要用来描述专家是如何使用他们的知识来建构相对复杂且定义不良的工作,并有效且高效地完成工作的。当出现以下情境时,很有可能需要采用认知任务分析方法:①几乎没有可观察的行为;②"评价""决定""评估""判断""注意""解释""按重要性排列""预见""设计"或者"计划"等动词描述的任务;③以不可预见的方式使用规范的行为应用到新情境;④行为背后的知识和技能难以观察(Villachica & Stone,2009)。

由此可见,岗位/职位分析可以确定主要的工作任务和他们的特性(频率、重要性、困难程度、工作条件、完成时间要求等),即确定做什么;行为任务分析可以创造一个工作行为的层级列表(从任务到具体步骤),即确定如何做;而认知任务分析可以分析复杂认知任务,通过提取知识、分析知识、表征知识、获得相关的思维活动方面的信息,最终缩小绩效差距。因此,本书对工作任务分析的界定,如图 3-8 所示。

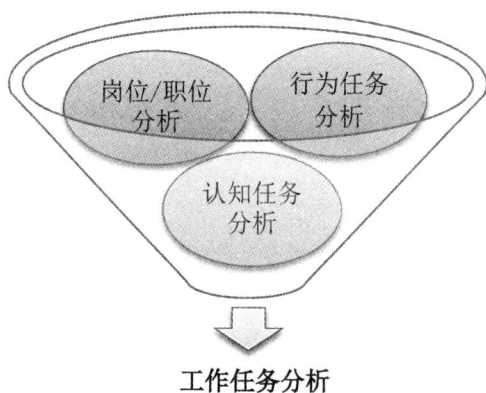

图 3-8　工作任务分析的界定

图 3-8 中,岗位/职位分析从整体上了解该工作包含了哪些任务或职责,即做什么;行为任务分析进一步对任务进行分解,主要关注如何完成该任务,特别是关注可观察的行为和线索;而认知任务分析更关注任务的认知成分,即完成任务过程中的思维活动。三者相互配合,完成的主要工作包括:①确定岗位主要的工作任务和他们的特性(频率、重要性、困难程度、工作条件、完成时间要求等);②创造一个任务的层级列表(从任务到具体步骤);③对于复杂认知任务来说(可能涉及理解、故障排除、决策和其他形式的问题解决),识别完成某项任务时的思考过程和所用的知识。任务分析师常常需要联合使用工作分析、行为任务分析和认知任务分析,并根据任务的性质和分析的最终目标,来确定每种方法的使用时机和频率。

认知任务分析是岗位/职位分析和行为任务分析技术的自然延伸，用来获得可观察的任务行为背后的知识、思维过程和目标结构的信息。本书中，岗位/职位分析、行为任务分析和认知任务分析之间的递进层次关系，如图 3-9 所示。

图 3-9　三种分析的递进层次关系

一般来说，岗位/职位分析从整体上或宏观上获得关于岗位或职位的信息，了解岗位所作的各项工作任务。行为任务分析在已经获得的工作任务的基础上，进一步分析任务的可观测行为要素。而认知任务则进一步关注行为任务分析难以观察到的认知思维活动。本书把认知任务分析单独提出来，是因为大多数实践者认识到检测、识别和决策是任何任务分析的重要组成部分。需要说明的是，技术操作类任务、人际沟通类任务和认知思维类任务虽然存在一些差异，但有研究者提出几乎所有成功的任务行为都牵涉到很多认知成分，感知、决策、知识和判断力都是必要的成分（Welford，1968）。因此，我们尝试使用同一个模型来解决各种任务的任务分析问题。具体不同的任务类型的分析操作会在更具体的访谈或者观察等方法的选择上存在差异。本书对工作任务分析的这一界定是后续任务分析操作化的基础。

特别需要强调的是，认知任务分析并不是传统的行为任务分析的替代，而是补充。进行认知任务分析时，可能需要用到行为任务分析来获得有价值的背景知识。相似地，行为任务分析也会从认知任务分析中获得关于操作步骤的有用信息。行为任务分析的重点在于辨别必需的行为活动。认知任务分析也必须从可观察的目的、使命和外部表现开始，并牵涉到可观察的和可分析的语言的和非语言行为。认知任务分析可以从先前的行为任务分析数据中获得描述需要完成的任务的功能信息。同样，行为任务分析可以通过认知任务分析数据来理解工作实际上是如何完成的。单纯的行为任务分析有可能存在曲解任务的风险，而单纯的认知任务分析又不能清晰地把握任务的全貌，二者互相配合才能更好地保证任务分析质量（Klein & Militello,2001）。此外，行为任务分析和认知任务分析各有优势，二者的区别如表 3-2 所示。

表 3-2　行为任务分析和认知任务分析的对比

行为任务分析	认知任务分析
任务的行为成分	任务的认知成分
浅显的和完备的	深入的和选择性的
试图定义程序	试图描述策略
操作简单	操作复杂

正如表 3-2 所示，行为任务分析关注任务的行为成分，而认知任务分析关注任务的认知成分。行为任务分析尽可能全面地找出任务的各个步骤，不遗漏任何一个步骤，但不会对完成各个步骤的策略进行深入的分析。认知任务分析尝试发现人们完成某一工作实际采用的策略，包括与策略相关的各种线索、关系和模式。行为任务分析操作简单，即使没有接受过培训的人也可以完成。认知任务分析较难完成，因为需要使用熟练的访谈技术进行数据收集（Ryder & Redding,1993;Klein & Associates Inc,1995）。行为任务分析的优势是强调数据的客观性，有明确的任务和子任务，有具体和清晰的线索，有清楚的任务起点和终点。而认知任务分析需要依赖于具体情境，相对含糊。

第三节　学习任务分析的理论建构

根据本书对任务分析的定义,"学习任务分析"阶段要分析出完成某一任务所必需的学习成分,进而确定培训内容。本节我们将进一步明确学习任务分析的各要素及其之间的关系。

一、本书对"学习任务分析"的界定

乔纳森等认为教学设计师进行任务分析是为了确定:①学习目标;②工作、技能、学习目标的操作成分,包括做什么、如何做以及在做之前、做之中和做之后的思维活动等方面的信息;③某项工作或任务的知识成分;④适合教学的那些任务、技能或者目标;⑤重要的处于培训高优先级的任务;⑥教学内容的先后顺序,甚至包括教学策略、教学媒体、教学活动和教学评价的确定等(Jonassen et al.,1999)。对应起来,本书中的"学习任务分析"分析出完成某一任务所必需的学习成分,即最重要的任务是确定教学内容。

根据本书的定义,企业培训内容是经过选择后的部分信息,是显性化的他人的知识。隐性知识不能直接作为教学内容存在,只有显性化的隐性知识才可能成为教学内容。企业培训内容包括显性知识和能够显性化的隐性知识。以学科主题形式的学习内容大都是显性知识,相对容易获取,而需要进行显性化的隐性知识则较难获取。这也是学习任务分析的重点和难点。我们先来看不同的知识之间能否转化以及怎样转化。

1995 年,日本知识管理专家野中郁次郎(Ikujiro Nonaka)和竹内弘高(Hirotaka Takeuchi)提出了显性知识和隐性知识相互转换的 SECI 模型。该模型首次提出了知识转化的四种模式:①从隐性知识到隐性知识;②从显性知识到显性知识;③从隐性知识到显性知识;④从显性知识到隐性知识。如图 3-10 所示。

	隐性知识	显性知识
隐性知识	潜移默化	外部明示
显性知识	内部升华	汇总组合

图 3‑10　四种知识转化类型

　　图 3‑10 左上第一个方格中,隐性知识转化为隐性知识的过程,即潜移默化。个体能够不通过语言而学习到隐性知识,学徒从师傅那里学习手艺并不是通过语言而是通过观察、模仿和实践。吸收隐性知识最重要的是经历,如果没有某种形式的共享经历,难以共享彼此思维过程。左上第二个方格中,显性知识转化为显性知识,即通过社会化活动来对个人所拥有的显性知识进行汇总组合。比如通过会议、电话的交流机制来交换和整合知识。对于已有的信息通过排序、增加、重新分类、融入新的情境等方式对其进行重构会产生新知识。

　　剩下两种知识转换模式是隐性知识和显性知识间的互相转换。隐性知识和显性知识的对话有很重要的意义,纯粹的显性知识的汇总组合就变成了对现有知识的肤浅解释,很难对当下的现实状况有改善作用。而纯粹的隐性知识间的潜移默化其共享性是很有限的,很难运用或扩展到更广泛的社会情境中。隐性知识和显性知识间的互相转换体现着显性知识和隐性知识相互补偿的特征,二者在互动过程中相互扩展。从隐性知识转化到显性知识,即"外部明示";而从显性知识到隐性知识,类似于"学习"过程,即"内部升华"。

　　在我们界定的企业培训内容的基础上,进一步对应知识转化模型,我们获得了企业培训内容与知识转化的对应关系,如表 3‑3 所示。

表 3-3　企业培训内容与知识转化

企业培训内容	学科主题形式的学习内容	整合情境形式的学习内容
知识形态	显性知识	隐性知识
知识转化模型	汇总组合	外部明示

　　前面我们已经知道,教学内容是部分信息或者称为"他人的知识",是被显性化的知识信息,知识如果仅仅贮存在别人的大脑中,不通过语言、行动或者其他媒介表现出来的话,隐性的知识是很难形成教学内容的,因为其他人不会知道这些知识的存在,更不会知道这些知识是什么。表 3-3 中,学科主题形式的学习内容是显性知识,在选择确定培训内容时,只需要汇总组合即可。而整合情境形式的学习内容最初大多以隐性知识的形式存在,需要利用外部明示的方式使其成为显性化的学习内容。

　　基于以上分析,本书认为,企业培训中的学习任务分析是识别学习者完成工作相关的知识、技能和态度转化所必需的"显性化的知识信息"的过程,其中包括对已有显性知识的汇总组合,也包括对隐性知识的外部明示。显性知识的汇总组合形成学科主题形式的显性知识,而外部明示形成整合情境形式的学习内容,如图 3-11 所示。

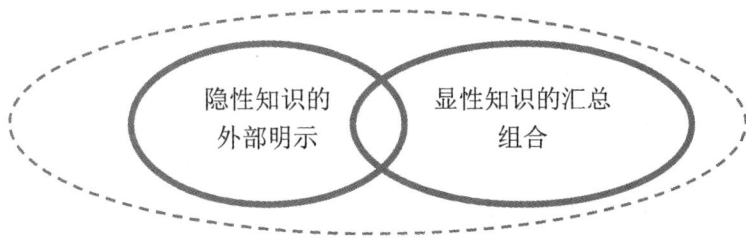

图 3-11　本书对学习任务分析的界定

二、工作任务与企业知识

　　根据前面的界定,工作任务包括技术操作型任务、认知思维型任务和人际沟通型任务。在学习任务分析部分,我们需要进一步了解这些任务里包含哪些企业知识。这也是本部分我们要探讨的内容。

当今社会已经从工业时代过渡到知识经济时代,即从一种以工厂为最基本单元的制造经济,过渡到一种以数据、信息、知识和专长为基础的新经济(Trilling & Fadel,2009)。相对于工业时代的提炼→生产→装配→销售→分发→产品和服务的模式,知识时代的数据→信息→知识→专长→销售→服务和产品的模式,越发凸显出知识的重要性。按照世界经济合作与发展组织(OECD)在1996年发布的《以知识为基础的经济》(The Knowledge-Based Economy)报告,知识可分为四大类(见表3-4):其一是有关"是什么"(know what)的知识,属于描述事实方面的知识;其二是有关"为什么"(know why)的知识,属于探究自然现象和社会现象的基本原理方面的知识;其三是有关"如何做"(know how)的知识,属于操作、实验、技能方面的知识;其四是有关"谁知道"(know who)的知识,即谁知道什么事情、谁知道如何做某些事情,属于寻找信息和知识来源的知识。

表3-4　OECD的企业知识分类

知识类型	简　介	举　例
"是什么"	指有关事物或者事实方面的知识	如湖北省与四川省相邻吗
"为什么"	指有关科学原理及自然规律的知识	如牛顿万有引力定律等
"如何做"	指做事的技巧和能力,包括技术、技巧和诀窍等	如商人对于某件新产品的市场前景的判断技能
"谁知道"	指谁知道什么事情,谁知道如何做某些事情的信息	如与有关专家建立联系并有效地利用其知识

当前各种类型的企业任务都是以企业知识为基础的,其中以"怎么做"的知识为主,"是什么""为什么""谁知道"的知识则构成了"怎么做"的支撑。特别是"谁知道"的知识对于今天企业之间的竞争日趋加剧的局面来说,具

有非常重要的现实意义。我们前面提到的三种工作任务：技术操作型任务、认知思维型任务和人际沟通型任务也是如此。工作任务与企业知识的对应关系，如图 3‑12 所示。

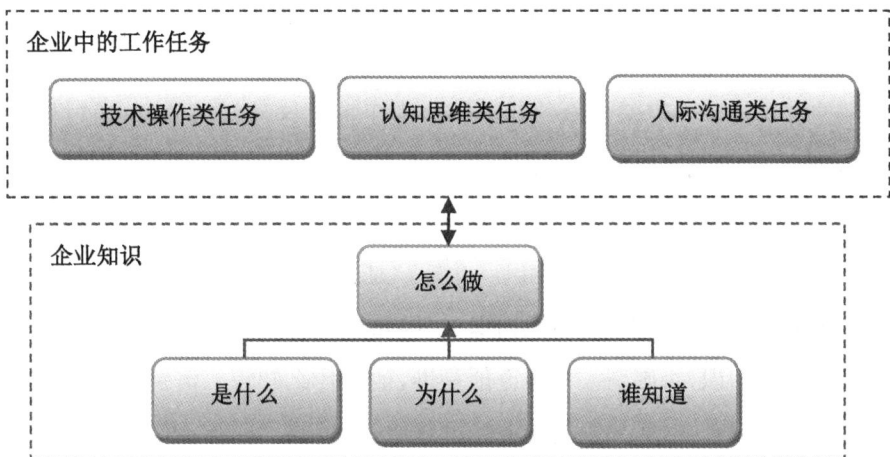

图 3‑12　工作任务与企业知识的对应关系

三、企业培训内容与学习任务分析

根据前面的界定，企业培训内容包括学科主题的知识和整合情境的知识两种。学习任务分析即获得"显性化的知识信息"的过程，其中包括对已有显性知识的汇总组合，也包括对隐性知识的外部明示。其中显性知识的汇总组合形成学科主题形式的显性知识，而外部明示形成整合情境形式的学习内容。然而，学科主题的显性知识和整合情境的隐性知识具体是指哪些企业知识，如何通过学习任务分析获得这些培训内容呢？

我们前面提到的 OECD 的企业知识分类，是建立在波兰尼提出的显性知识和隐性知识分类的基础上的。OECD 的知识分类认为，"是什么"和"为什么"的知识是显性知识，可以通过读书、听讲和查看数据库而获得；而"怎么做"和"谁知道"的知识属于隐性知识，主要靠实践获得。"怎么做"的知识学习形式主要是师徒制。"谁知道"的知识同样存在社会实践中，是在社会上深埋着的知识，不易从正规渠道转移这些知识。

对于这一观点，本书持有不同意见。本书认为，"怎么做"的知识可能既包含了显性知识，也包含了隐性知识。"怎么做"往往是单个产业所拥有的、由它自身发起并仅限于其自身范围内而不向外传播的知识，并且往往是一些秘诀和窍门。知道怎么做的知识恰恰由于拥有这种知识的人，通过做的过程把隐性知识显性化，才使得别人也知道了怎么做，这意味着其中包含了很多已经显性化的知识或技能，当然也包含了一些仍然存放在某些知道怎么做的专家的头脑中的隐性知识。此外，"是什么"和"为什么"的知识是已经成为系统学科的知识，是显性知识。"谁知道"的知识，说明有知识的人显露了自己的知识，否则别人不知道他是谁，他有什么知识。但别人怎么获得了这一信息或者知识，只能是在实践过程中，通过眼、耳、鼻、舌、身等感觉器官，听到、看到或者一起经历过才能知道这件事情，即"谁知道"知识本身是以隐性知识的形式存在着，当然也可能包含一些已经显性化的信息。

我们这里根据前面企业培训内容类型的划分，得到企业培训内容、企业知识和学习任务分析之间的对应关系表，如表 3-5 所示。

表 3-5　企业培训内容的类别

企业培训内容	学科主题形式的学习内容				整合情境形式的学习内容	
对应的企业知识	是什么	为什么	怎么做	谁知道	怎么做	谁知道
知识形态	显性知识	显性知识	显性知识	显性知识	隐性知识	隐性知识
学习任务分析	汇总组合	汇总组合	汇总组合	汇总组合	外部明示	外部明示

基于以上分析，本节基本界定清楚了学习内容分析的内涵，并建立起了工作任务、企业知识与企业培训内容之间的关系。首先，本书中的"学习任务分析"分析出完成某一任务所必需的学习成分，即最重要的任务是确定教

学内容。其次,学习任务分析要为不同的工作任务找到所需的学习内容。工作任务大致可以分为技术操作型任务、认知思维型任务和人际沟通型任务三种。各种类型的企业任务都是以企业知识为基础的,其中以"怎么做"的知识为主,"是什么""为什么""谁知道"的知识则构成了"怎么做"的支撑。不同的知识可能以不同的形态出现,如"是什么"和"为什么"的知识是已经成为系统学科的知识,是显性知识。"怎么做"和"谁知道"的知识则既可能是显性知识,也可能是隐性知识。最后,培训教学内容只能是显性化的知识,对于显性化的知识在构成培训内容时需要进行汇总组合,而隐性知识则需要通过外部明示来实现隐性知识的显性化。

第四节　概念模型的建构

本书把任务分析分为工作任务分析和学习任务分析两个阶段。其中工作任务分析包括岗位/职位分析、行为任务分析和认知任务分析三种分析。三者之前存在互相配合的关系:岗位/职位分析通过对职位信息的收集、整理、分析与综合得到岗位说明书;行为任务分析的典型输出是一系列的任务、子任务、输入、活动、输出、环境条件和行为标准;而认知任务分析可以捕捉可观察的任务行为之下的知识、思维过程和目标结构,来对行为任务分析进行扩展和补充。学习任务分析即获得"显性化的知识信息"的过程,包括对已有显性知识的汇总组合和对隐性知识的外部明示。显性知识的汇总组合形成学科主题形式的显性知识,而外部明示形成整合情境形式的学习内容。综合前面的内容,我们得到了面向企业培训内容开发的任务分析概念界定,如图 3 - 13 所示。

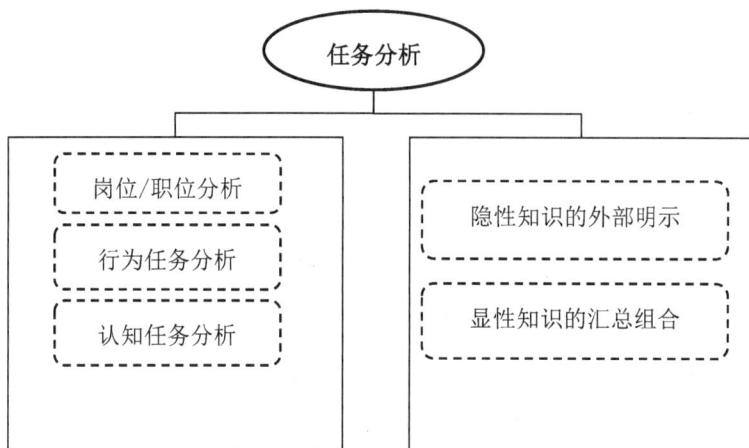

图 3‐13　面向企业培训内容开发的任务分析概念界定

在进一步界定完任务分析的概念后,本书还提出了工作任务包括技术操作类任务、认知思维类任务和人际沟通类任务三种。三类任务经过工作任务分析,得到初步的企业知识,其中以"怎么做任务"的知识为主。获得的企业知识经过学习任务分析,把其中隐性的知识显性化、显性知识进行汇总组合,最终形成培训内容。其中,"是什么"类型的知识、"为什么"类型的知识和部分"怎么做"和"谁知道"知识是显性知识,在学习任务分析时,需要通过汇总组合获得学科主题形式的学习内容;而部分"怎么做"知识和"谁知道"知识是隐性知识,在学习任务分析时,需要通过外部明示获得整合情境形式的学习内容,如图 3‐14 所示。

图 3‐14 中,任务分析分为工作任务分析和学习任务分析两个阶段。这两个阶段搭建起了企业中的工作任务与培训内容之间的桥梁。我们通过工作任务分析获得了对任务的整体性理解,为学习任务分析打下基础,随后我们通过学习任务分析分析出完成某一任务所必需的学习成分,最后获得学科主题的显性知识和整合情境的隐性知识两类培训内容。该概念模型是面向企业培训内容开发的任务分析的基本思路框架,理清了工作任务到培训

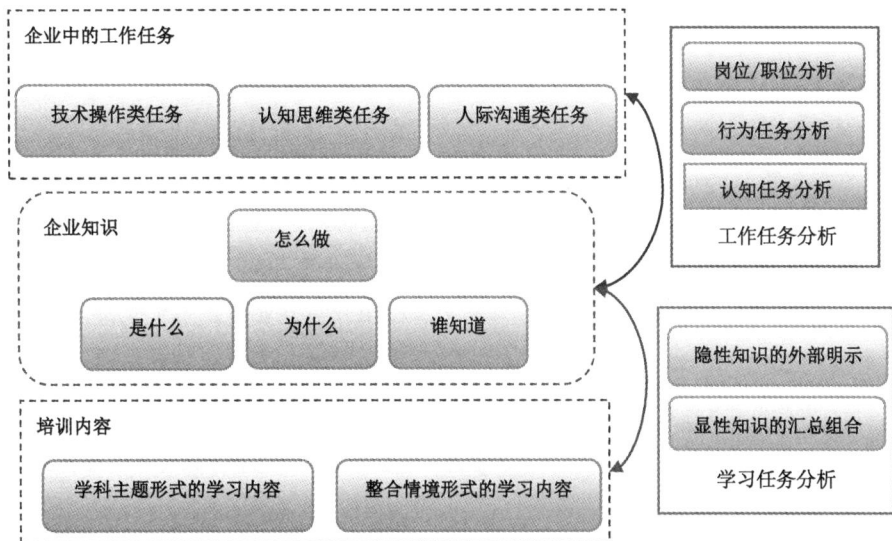

图3-14　面向企业培训内容开发的任务分析概念模型

内容的逻辑关系,以及工作任务分析和学习任务分析的联系,为后续模型的操作化打下了基础。

小结

✓ 面向企业培训内容开发的任务分析的概念模型,明确了企业培训内容开发中的任务分析各个要素的含义,并试图建立要素之间的关系。其中涉及的要素包括:企业培训内容、工作任务、工作任务分析、企业知识和学习任务分析等。

✓ 教学内容是经过选择后的部分信息,是显性化的他人的知识。隐性知识不能直接作为教学内容存在,只有显性化的隐性知识才可能成为教学内容。

✓ 企业非常重视经验传授,常常将"组织经验"当成是培训内容的重要方面。组织经验大多是员工通过实践和经验总结获得的一些"绝招"和"窍门",经验经过萃取后,可以通过培训迅速传播复制,省去员工个人摸索的过程,从而加速员工成长。越来越多的企业已经认识到组织经验提炼对提高培训质量的重要性。

✔ 企业培训内容包括显性知识和能够显性化的隐性知识。这里的显性知识在企业培训中以学科主题形式的学习内容为主，如是什么、为什么和部分如何做的知识。而需要进行显性化的隐性知识大多以经验的形式存在，是另一部分如何做的知识。

✔ 把经验作为学习内容，是企业培训与学校教育的重要区别。经验大多与特定的情境紧密相联，可以直截了当地教会员工做什么，如何做。经过显性化的经验最终在企业培训中以整合情境形式的学习内容体现。

✔ 根据岗位任务特点，本书把企业工作任务分为：技术操作类任务、认知思维类任务和人际沟通类任务三种。技术操作类任务，大多是基于规则的、重复性和程序性的；人际沟通类任务多是环境适应性的和人际适应性的；认知思维类任务常常需要解决抽象问题，具有思维灵活性。各个岗位的任务基本都包含了以上几类任务，一般是几种任务的组合。

✔ 工作任务分析包括岗位/职位分析、行为任务分析和认知任务分析。岗位/职位分析通过对职位信息的收集、整理、分析与综合得到岗位说明书；行为任务分析的典型输出是一系列的任务、子任务、输入、活动、输出、环境条件和行为标准；而认知任务分析可以捕捉可观察的任务行为之下的知识、思维过程和目标结构，来对行为任务分析进行扩展和补充。经过工作任务分析后，我们可以找到各任务对应的企业知识。

✔ 本书尝试建立了工作任务与企业知识的对应关系。本书采用的是世界经济合作与发展组织（OECD）1996年提出的知识分类："是什么"的知识，即描述事实方面的知识；"为什么"的知识，即探究自然现象和社会现象的基本原理方面的知识；"如何做"的知识，即操作、实验、技能方面的知识；以及"谁知道"的知识，即谁知道什么事情、谁知道如何做某些事情，属于寻找信息和知识来源的知识。本书提出的三种工作任务是以企业知识为基础的。特别是企业任务是以"怎么做"为主，"是什么""为什么""谁知道"的知识构成了"怎么做"的支撑。

✔ 学习任务分析分析出完成某一任务所必需的学习成分，最重要的任务是确定教学内容，即获得"显性化的知识信息"的过程。不同的知识可能以不同的形态出现，如"是什么"和"为什么"的知识是已经成为系统学科的知识，是显性知识。"怎么做"和"谁知道"的知识则既可能是显性知识，也可能是隐性知识。

✓ 培训教学内容只能是显性化的知识,对于显性化的知识在构成培训内容时需要进行汇总组合,而隐性知识则需要通过外部明示来实现隐性知识的显性化。学习任务分析包括对已有显性知识的汇总组合和对隐性知识的外部明示。显性知识的汇总组合形成学科主题形式的显性知识,而外部明示形成整合情境形式的学习内容。

第四章

基于任务分析的企业培训内容开发操作模型

第三章我们形成了面向企业培训内容开发的任务分析的概念模型,明确了企业培训内容开发中的企业培训内容、工作任务、工作任务分析、企业知识和学习任务分析等要素的含义,并建立了各要素之间的关系。这一章我们将任务分析概念模型落实在企业培训内容开发中,建立基于任务分析的企业培训内容开发操作模型。本章先介绍了企业培训内容开发的发展趋势;随后在概念模型的基础上,依据企业培训内容开发的发展趋势,提出了基于任务分析的企业培训内容开发新思路;最后综合汇总得到基于任务分析的企业培训内容开发操作模型。本章期望给实践者提供可供遵循的企业培训内容开发流程,使基于任务分析的企业培训内容开发有据可依。

第一节　企业培训内容开发的发展趋势

近年来,随着知识经济的不断壮大和学习技术的持续更新,企业培训内容开发呈现出新的趋势。为了使本书建立的企业培训内容开发操作模型走在时代前沿,我们有必要明确企业培训内容开发的发展趋势。

一、从"学习思维"转向"绩效思维"

"锤子理论"提出"拿着锤子，看什么都是钉子"。过去对于许多企业管理者来说，培训就是那把锤子，所有绩效问题都是钉子，即片面地认为培训是解决绩效问题的唯一方案。当前，企业培训正从"学习思维"转向"绩效思维"。两种思维方式的区别如表 4-1 所示。

表 4-1　学习思维与绩效思维

学习思维	绩效思维
把培训当作改善工作绩效的主要方式	培训仅仅是改善工作绩效的其中一种方式
工作重点是设计与开发培训方案	工作重点是设计与开发绩效解决方案
发现绩效差距，培训是我能想起的常规方案	员工无须离岗学习即能够解决绩效问题的方案是我的首选
我的工作是基于业务需求来设计、开发和交付课件	我的工作是在组织的每个变革时刻，设计、开发和交付绩效解决方案，进而推动绩效达成

从表 4-1 可以看出，所谓绩效思维主要体现在以下几个方面：

第一，绩效思维强调培训只是解决绩效问题的其中一个可能方案，而不是唯一甚至不是主要方式。开发培训项目前要先了解绩效问题是什么，引起绩效问题的原因是什么。很多绩效问题是不能通过培训解决的，如期望或绩效标准不明，激励或奖励不够，不合理的流程或系统，缺少工具、信息和时间等都可能引发绩效问题。只有当绩效问题是由于员工缺乏知识、技能或态度导致的，培训才可能是解决方案。

第二，培训经理不要陷入"培训万能论"，要具备问题的系统分析能力进而对解决问题的关键因素有准确把握。培训经理要跳开培训的圈子，站在更高的高度去分析问题。培训开发部的工作人员同时也应该是绩效分析师，其工作重点不仅仅是设计与开发学习方案或组织培训，更重要的是要设计、开发与实施绩效解决方案，其工作的最终目的是以较低的成本解决绩效问题，满足企业发展需要。

第三，企业学习的方式有很多，而正式的企业培训也只是企业学习的一种形式，而且是费用昂贵的形式。相对来说，如果员工无须离岗即可完成学习进而解决绩效问题，则会大大降低培训成本。

第四，培训要致力于学习活动向商业结果的转化。根据绩效思维，很多时候培训只是解决方案的一部分，要发挥培训的作用，必须针对正确的问题，来采取相应的配套措施以促进培训效果转化。进行培训的目的始终是推动绩效达成。很多时候培训需要与其他措施相互配合，要注意在培训前后获得管理层的积极参与和支持，以更好地实施整个解决方案。

在本书中，绩效思维是我们设计企业培训内容开发操作模型的顶层思维，指导着整个操作流程。

二、数字化学习正成为新常态

随着数字化浪潮汹涌而至，在线学习、混合学习、移动学习等各种数字化学习方式越来越普遍。根据《培训杂志》发布的《2019 中国企业培训行业报告》，约一半企业的主流学习形式是混合学习和在线学习，80%以上的企业已经搭建了在线学习平台，70%左右企业搭建的学习平台功能日趋多样化，越来越多的企业致力于打造集成在线学习、在线考试、课程开发、学习管理、知识管理等功能于一体的强大平台。特别是新冠疫情期间，移动互联、大数据、区块链、5G、人工智能、虚拟现实等前沿技术得到了广泛应用，催生了无数的在线学习内容资源，衍生出直播培训、线上训练营、线上工作坊等企业培训方式，数字化学习已逐渐成为当前企业培训的新常态。

以互联网为基础的各种新技术打破了时空限制，让我们体验到了更加便捷友好的学习方式，更加丰富的内容资源，实现了随时随地随需而学。这在一定程度上可以解决企业各层级员工能力差距大、众口难调等统一的面授学习面临的难题。然而,在企业数字化学习火热的现实下,也有一些值得关注的问题,如学习平台创建多,但利用率偏低;关注数字化技术的运用,而缺失数字化学习的设计;关注内容的数字化,而未能实现学习过程的数字化等。以疫情期间火爆的直播培训为例,大多数的直播培训仍然以"填鸭式"知识灌输为主。缺少交互式设计,缺少练习、作业、实践环节等问题,使得直播培训难以调动员工的学习积极性,也难以达到培训效果。以上种种问题使得当前的企业数字化学习只是实现了培训内容的线上搬家,而未能实现以学员为中心的学习体验,难以达成学习效果的转化与学习价值的提升。

互联网技术,特别是 web2.0 时代的互联网技术,使用户可以与信息、内容和其他用户互动,各种技术产品层出不穷,开启了基于技术的学习革命。其中,网络会议、慕课、博客、模拟游戏、虚拟现实等技术产品既能交付内容,也能促进学习;学习管理系统可以管理学习过程;云计算等可用于信息的存储与检索;微博、领英等社会网络社会学习可以线上线下互动。基于互联网技术培训的灵活性和便利性大大提高,越来越能在时间安排、学习需求和学习风格等方面满足每一位学员的个性化需求。然而,如何选择最恰当的学习技术,促进知识在不同部门之间的传递与共享,充分发挥数字化学习互动性、创新性和个性化的特点也是未来企业培训需要关注的重要问题。本书在设计企业培训内容开发操作模型时,也将充分考虑数字化学习的特点,使内容更加符合在线学习需求。

三、越来越重视组织经验萃取和知识管理

企业的发展离不开组织内优秀员工们的知识分享与经验传承。根据《培训杂志》发布的《2019 中国企业培训行业报告》,大约一半的企业在尝试萃取组织经验,大约四分之一的企业已经沉淀出一些知识成果,并配备相应的成员来推进知识管理工作。由此可见,大部分企业已经意识到知识管理的价值。

事实上,获取知识是知识管理的基础,也是企业培训内容开发的关键。从组织的视角来看,有两个知识特征对创造竞争优势非常重要:隐性程度和特定性程度。根据知识容易被编码和明确表达的程度,知识可以分为显性知识和隐性知识。显性知识可以被编码,容易与他人沟通并存储。隐性知识是不可见的、难以表达的、难以定义的和不容易与他人共享的。它与特定背景有关,通常是通过经验获取的。与显性知识相比,隐性知识被认为对组织更有价值。隐性知识难以规范,也难以模仿或复制,这是拥有竞争优势的必要条件。此外,根据知识适用的情景,知识可以分为通用知识和特定知识。其中,通用知识,如设计培训项目的步骤,具有广泛的适用性,可以用于各种情形、业务单元和组织机构;特定知识关注某一个特定主题,可以应用到组织内的特定领域,如营销、人力资源和会计等不同职能领域内的知识。同样,与通用知识相比,高度特定性的知识不容易被迁移,对组织也更有价值。如图 4-1 所示。

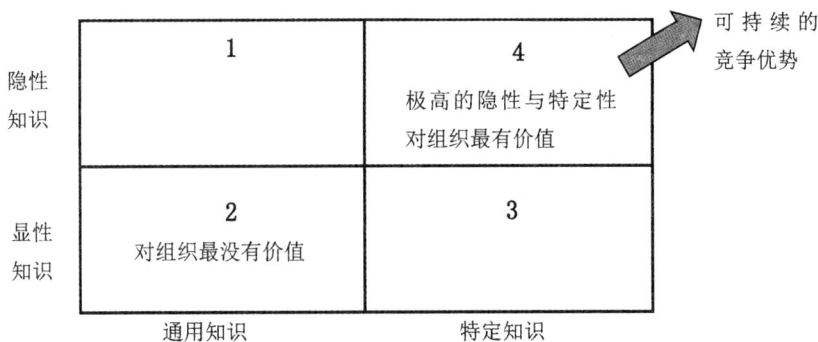

图 4-1　隐性与特定性之间的相互作用

在实践中,为了挖掘出隐藏在员工大脑中的隐性的特定知识,形成显性化的操作宝典,企业开展了大量探索。如在培训项目中设置知识提炼环节,举办业务技能大赛、微课开发大赛等方式激发员工贡献知识;培训部门与业务部门合作营造知识贡献的氛围;建立正向激励机制与考核办法,通过建章立制,强化知识产出政策等。目前很多企业已经形成了一些案例库、课程库等成果,但对具体的方法论、工具与标准化流程等的提炼还比较少。

需要注意的是,企业对组织经验进行萃取与沉淀,最终目的不是为了获取知识,而是为了让员工运用已有知识与经验解决问题,促使其在新的工作中或接触新的工作领域时快速进入状态。这对于寻求成长、多元化或探索新领域的组织至关重要。目前,根据《2019 中国企业培训行业报告》,仅7.7%的企业"知识管理与业务深度链接,各层级员工主动利用知识成功解决业务问题",可见员工对知识成果的利用效率非常低。知识管理者或知识管理部门对于组织知识和经验的提炼更多停留在简单的汇聚阶段,而并未将其嵌入正常的业务中,这是一个值得高度重视的问题。

事实上,对于隐性的特定知识的萃取,也恰恰是我们前面提到的隐性知识显性化的过程,这与本书对培训内容的界定一致。本书中的企业培训内容包括显性知识和能够显性化的隐性知识。其中,需要进行显性化的隐性知识即以经验的形式存在的高度情境化的企业知识。本书中的学习任务分析即获得企业培训内容的过程,其中包括对已有显性知识的汇总组合,也包括对隐性知识的外部明示。其中显性知识的汇总组合形成学科主题形式的显性知识,而外部明示形成整合情境形式的学习内容。这一部分也是本书的重点和难点。

第二节　基于任务分析的企业培训内容开发思路

在明确企业培训内容开发的发展趋势后,我们来阐述建构基于任务分析的企业培训内容开发操作模型的基本思路。在第二章我们提到,当前面向企业培训内容开发的任务分析过度依赖专家,缺少规范的操作流程和支持工具。事实上,相对于业务专家对于内容正确性或科学性的把握,教学设计师的专业性恰恰体现在规范的操作流程和工具上。不幸的是,这一点也恰恰是当前的任务分析理论所欠缺的。基于以上背景,本章操作模型的构建主要通过规范化流程和支持工具两个维度来展开,其中规范化的流程使实践人员的操作有据可依,而支持工具可以帮助实践人员实现操作标准化。图4-2展示了本书设计基于任务分析的企业培训内容开发操作模型的基本思路,规范化流程和支持工具相辅相成共同确保了企业培训内容开发的质量。

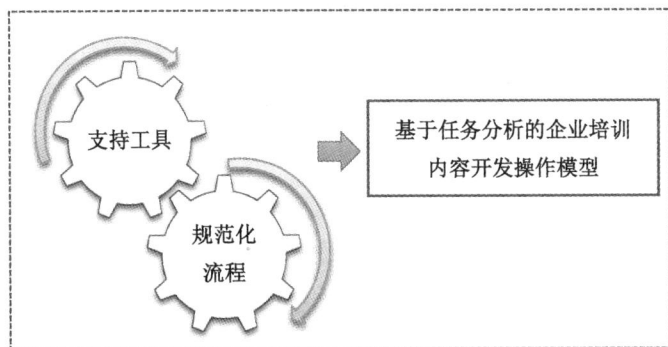

图4-2　基于任务分析的企业培训内容开发操作模型的基本思路

图4-2中,规范化流程从通过绩效分析确定有模糊的培训需要开始,到获得学习者需要学习的知识、技能和态度等内容结束,最终目的是使学习内容与企业需求相匹配。支持工具主要指辅助完成该流程所可能用到的各项工具,如帮助完成绩效分析的工具、目标任务确认的工具、培训任务确认的工具等。这一章我们主要从宏观上介绍规范化流程的各个阶段,具体流程的操作步骤和相应的支持性工具设计将在第五章进行详细说明。

本书设计的规范化流程是对基于DACUM的系统课程开发模型的更新与完善。其中,特别融入了绩效思维、数字化学习特点以及组织经验萃取等最新的企业培训内容开发趋势,使整个企业培训内容开发流程更符合实践需求,也更清晰实用。该流程涵盖了从目标任务确认到最后培训内容确定的整个过程,即在进行任务分析之前,我们首先确认目标任务,然后进行任务分解,最后完成知识的提取,具体如图4-3所示。

图4-3　面向企业培训内容开发的任务分析的基本流程

各环节要解决的核心问题各不相同,其中目标任务确认阶段主要解决"任务分析中的'任务'怎么确定"这一问题,工作任务分析阶段回答"工作任务分析到何种程度以及如何进行工作任务分析",培训任务的确定阶段回答"哪些任务需要培训",而学习任务分析阶段回答"如何实现隐性知识的显性化和显性知识的汇总组合,并确定培训内容"。后面将分别从目标任务的确认、工作任务分析、培训任务的确定、学习任务分析四个部分展开,来说明该流程的基本操作逻辑。

一、目标任务确认

根据绩效思维,任务分析的主要目的是,在通过绩效分析已确定有模糊的培训需要时,进一步获得学习者需要学习的知识、技能和态度等内容,最终使得学习内容与企业需求相匹配。目标任务确认是为了确认任务分析的起点。每一个工作岗位都有很多个任务,任务分析的第一步是识别具体是哪些任务出现问题,即有必要进行任务分析的任务。很多实践者提到,真正进行任务分析时,有时并非任务分析本身存在问题,而是没有识别出目标任务。这与我们前面对企业培训的界定是一致的,即企业培训不是从零开始培养一个员工,而是"查漏补缺"。这种任务识别方法,本书称为"目标任务确认"。

所谓的目标任务是员工存在任务完成困难,以至于引起企业绩效问题的任务。我们在找到目标任务后,才能进一步采取工作任务分析和学习任务分析获得学习内容,以补充员工完成任务所缺的知识、技能、经验和态度等。

由于成人的学习动力来自工作任务的挑战,即目标人群由于缺乏知识技能或经验等而存在任务完成困难,以至于影响工作绩效,这就是学习的需求。根据绩效改进理论,我们首先需要从绩效问题入手,确认员工的知识技能或经验等欠缺是导致绩效差距的原因,并确定大致的员工范围;其次,查找目标人群的岗位说明书,获得完整的岗位职责和任务列表;最后,根据岗位说明书对比目标人群的现状,找出目标人群存在操作困难的任务。目标任务确认的操作逻辑如图4-4所示。

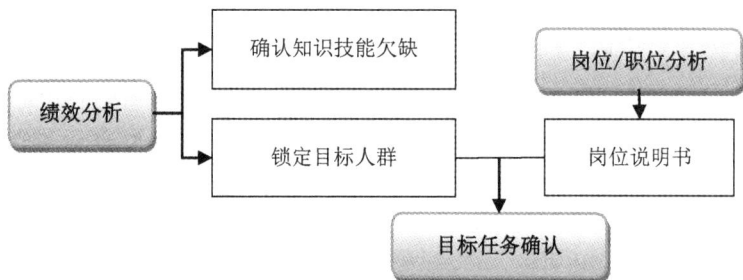

图4-4 目标任务确认的操作逻辑

二、工作任务分析

确定目标任务后,即确定了工作任务分析的对象,下一步就是进行工作任务分析。根据第三章的内容,工作任务分析包含岗位/职位分析、行为任务分析和认知任务分析。目标任务确认阶段,已经进行了岗位/职位分析,这里我们继续进行行为任务分析和认知任务分析。

有研究者认为,如果不必要的话,进行过度详细的任务分析是没有意义的(Jackson,1986)。本书也认为,一开始就进行太过详细的分析可能难以获得任务的整体结构,难以建立子任务或者步骤之间的关联,这也是当前企业任务分析对任务层层分解常常出现的问题。因此,我们建议先进行大概的分析,在后续的学习任务分析部分不断补充细节。秉承这一思路,我们认为工作任务分析环节只需要获得目标任务的概要信息,如典型的输入、输出和主要步骤,并澄清任务之间的关系。

　　需要注意的是,对技术操作类任务来说,仅仅获得各个任务的输入、输出和子任务/步骤等操作性和流程性信息也许是足够的,而对认知思维型任务和人际关系型任务,特别是对一些认知复杂的任务,是远远不够的。在完成复杂认知任务的过程中,员工需要根据不同阶段的输入、条件等,做出相应的选择或决策,越高级的认知,流程越难以起作用。因此,本书中的工作任务分析环节,除了获得基本的任务的输入、输出和子任务/步骤等信息,还需要识别出最需要认知技能的子任务或步骤,二者共同构成了任务模型。工作任务分析的操作逻辑如图4-5所示。

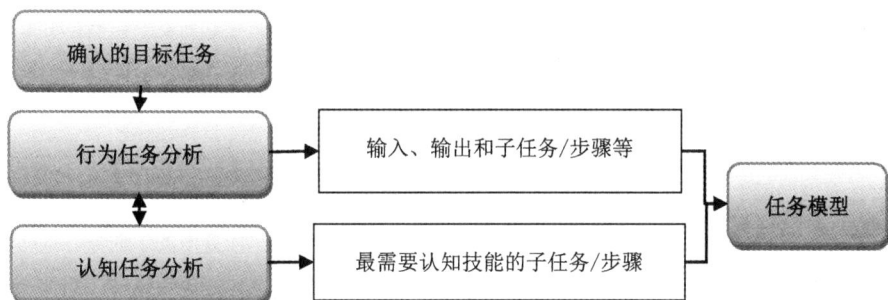

图 4-5　工作任务分析的操作逻辑

　　图4-5中,工作任务分析从确认的目标任务出发,先通过行为任务分析,定义和描述个人需要完成的任务,获得基本的任务的输入、输出和子务/步骤等信息。相对于行为任务分析,认知任务分析可以从认知的角度分析任务,更关注内在的知识、技能和任务结构等(Shute et al.,1997)。虽然认知任务分析可以深入剖析单个复杂认知任务,获得认知过程,但这里并不需要太详细,只需要识别出"最需要认知技能的子任务/步骤"。具体的认知任务分析会在学习任务分析环节进行。工作任务分析的最终目的是建立完整的任务模型,使任务之间建立相互关联,进而避免教学分散成为各个独立的主题或者环节的问题。

　　结合已有研究,本书试图把行为任务分析和认知任务分析相互结合,并融合在一起进行分析,操作流程包括:确定专家,获得任务的基本信息,获得子任务和形成任务模型四大步骤,具体如表4-2所示。

表4-2　工作任务分析的操作流程

1. 确定专家
(1)询问管理者,初步确定动手能力强、实践经验丰富的业务专家
(2)访谈这些专家,以确定他们呈现信息的能力
2. 获得任务的基本信息
(1)专家描述任务的组成成分(画出框图,描述任务的各个部分)
(2)专家描述任务各组成成分的相互作用(在框图上进行标注)
(3)专家描述可能影响任务完成的工作场所条件
3. 获得子任务
(1)专家回顾工作状况,描述他们从事的活动(包括使用的工具等)
(2)专家展示和大声报告他们的工作活动程序,列出每一个工作任务中的子任务
(3)评估子任务的频率和复杂程度,以确定最需要认知技能的子任务或步骤
(4)如果条件允许,在工作情境中观察技能娴熟的操作人员(至少需要2个操作者),记录他们的行为和他们工作中所用的工具和设备
4. 重复2和3,直到完全理解任务,形成任务模型

三、培训任务确定

　　在工作任务分析完成之后,我们并不会直接进行学习任务分析,而是要进一步确定需要培训的任务。"培训任务的确定"是衔接工作任务分析和学习任务分析的中间环节,主要考量哪些任务是必须要培训的,而哪些提供相应的绩效支持工具即可。只有在选定需要培训的任务之后,才会进行后续的学习任务分析。

　　根据绩效改进理论,引起绩效问题的原因有很多,相应的干预措施也有很多。干预措施分为教学型干预措施和非教学型干预措施,教学型干预措施通过提升员工个体的知识技能来提升绩效,包括:课程教学、培训、自学、团队学习、学习型组织、行动学习等等;而非教学型干预措施则希望通过改变工作条件来达到改进绩效的目的,分为工作帮助类、环境类和激励/动机类三类,包括工作帮助、组织流程再造、工作设计、薪酬设计、激励系统等(Stolovitch & Keeps,1999)。

　　在绩效改进背景下,培训任务的确定具有重要的现实意义。在绩效技术的视野中,提升员工技能并不是其主要目的,改进绩效才是最直接的目标。在选择干预措施时,我们应该以结果为导向,讲求成本—效益(梁林梅,2004)。如果引起绩效问题的原因是环境或者动机等,则倾向于选择非教学型干预措施;而如果引起绩效问题的原因是个体知识技能的缺乏,同样应该优先考虑非教学型的干预措施(如工作帮助)是否能够解决问题,最后再考虑较昂贵的培训或者教育等措施。与正常培训相比,达到同样效果的情况下,工作帮助可以节省三分之二的时间与成本(Stolovitch & Keeps,1999)。我们这里主张将培训用在更必要的地方,因此设置了"培训任务的确定"这一环节。

　　"培训任务的确定"的主要目的是确定哪些任务必须进行培训,而哪些可以采取非教学性质的绩效支持,最终实现在节约时间和金钱成本的前提下更好地提升绩效的目的。本部分的操作逻辑如图4-6所示,主要意图是说明并不是所有的分析出的工作任务都需要进行培训。

　　图4-6中,培训和非教学性质的绩效支持的区别在于工作中所需的信息、知识和技能的存储方式。培训试图将必需的信息储存在工作者的长时记忆中,员工可以更快地从长时记忆中提取信息并进行操作,并且员工的手和眼不受限制。而非教学性质的绩效支持(如工作帮助)用于真实的工作环境,在员工执行任务需要的时候为其提供相应的知识和信息,即时指导员工工作。无论是培训还是其他绩效支持手段都存在一定的局限性,如培训后

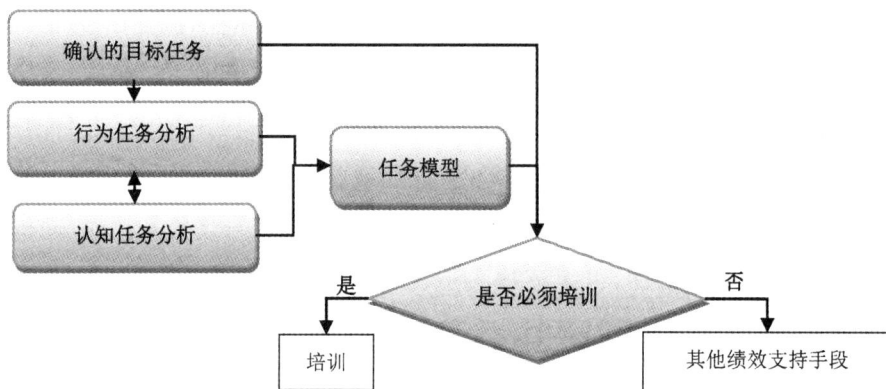

图 4‑6   培训任务确定阶段的操作逻辑

遗忘的问题以及培训的时间与经济成本较高等,而非教学性质的绩效支持会降低员工操作的速度,也可能受到工作环境以及某些社会和心理因素的限制等。因此,培训任务的确定需要考虑企业的现实情况,如操作任务的环境、任务的性质、企业拟投入的时间和成本等,综合做出决策。具体如何选择培训任务,我们将在第五章进一步展开。

四、学习任务分析

通过工作任务分析,我们获得了关于工作应该是什么和怎么做的信息。而做某项工作和开展教学使学习者能够从事某项工作是不同的过程,后者是学习任务分析的主要任务。学习任务分析需要进一步分析已经确定的需培训的任务,一方面要通过外部明示获得整合情境的学习内容,即工作任务分析中"最需要认知技能的子任务/步骤"背后的知识经验等;另一方面要通过汇总组合获得作为支撑的学科主题形式的学习内容,以更好地帮助学习者整合应用。隐性知识的显性化和显性知识的汇总组合,在实际操作过程中常常需要配合使用,如很多认知任务,特别是隐性的专家经验,在任务的分解过程中可能需要先把隐性知识显性化,然后再进行汇总组合。与此同时,学习任务分析过程也不是一蹴而就的,而是迭代进行的。

本书认为,学习任务分析即知识析出和知识表征的过程。知识析出主要搜集关于"人们知道什么和他们怎么知道的行为背后的决策、策略、知识和技能",而知识表征需要展示数据、呈现发现并交流意义(Crandal et al.,2006;Yates,2007)。学习任务分析实际上是知识析出技术和分析/表征技术的配对。本书的学习任务分析从工作任务分析获得的任务模型入手,进一步进行知识析出,包括进一步识别子任务/步骤,进一步识别任务背后的技能,以及进一步识别任务/技能背后的知识,最终形成任务知识结构模型,即知识的表征。学习任务分析的操作逻辑,如图4-7所示。

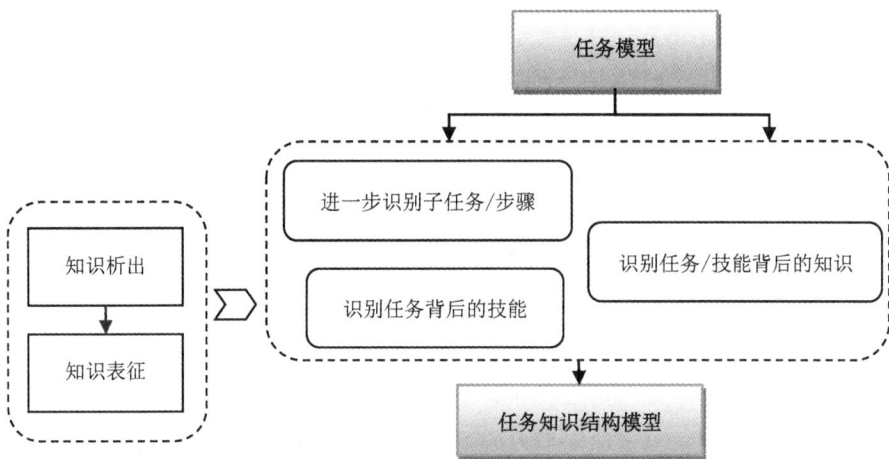

图4-7　学习任务分析的操作逻辑

图4-7中学习任务分析的流程与传统的教学设计中的学习任务分析存在一些差异。传统的学习任务分析要求分解出所有工作任务的 KSA,学员在学习后,自己结合工作情境进行整合。而本书提出,要先分析出完整的专家操作任务的流程,新手仅仅靠模仿也能够完成该任务,然后再分析完成任务需要的技能或经验,最后才为技能和经验提供深度理解的知识或者原理。这是两种截然不同的思路。本书设计的学习任务分析流程更加符合企业员工的需求,也更可能提升任务分析结果的可用性,进而提升培训的整体效果。

　　本书先分析流程，再获取技能或经验，最后提供知识或原理的学习任务分析模式，背后的理论依据是罗米索夫斯基的知识和技能分类（Romiszowski,1999）。根据罗米索夫斯基的理论，所谓的"知识"，指储存在学习者头脑中的信息；而"怎么做"的知识即罗米索夫斯基所谓的"技能"，是各种心智的或身体的行动以及人对概念或事物所作的反应。知识带有"有或无"的性质，而技能则需要通过经验和练习加以培养。在练习和掌握某一技能时，学习者必须应用某些贮存在大脑中的知识。具体如表4-3所示。以此为基础，本书提出了同时挖掘操作流程、实践技能和支撑知识的学习任务分析思路，以更符合企业实践需求。

表4-3　罗米索夫斯基的知识技能分类

	具体分类	进一步分解
知识	事实	①具体事实（具体联想，经观察和记忆的事物）
		②言语符号信息（包括逻辑符号、数学等语言）
		③事实系统（或图式）
	程序	①链锁（简单的一步一步程序）
		②辨别（区分相似的信息）
		③算法（有较为复杂的程序，如果合理遵循之则可保证完成任务）
	概念	①具体概念（一级概念）
		②定义概念（二级概念）
		③概念系统（图式）
	原理	①自然原理（制约周围环境行为的规则）
		②行动原理（制约主体行为的规则）
		③规则系统（理论和策略）

（续表）

	具体分类	进一步分解
技能	认知技能	思维技能，包括决策、问题解决、逻辑思维等
	动作技能	指心理动作技能，包括身体动作、感知敏锐等
	反应技能	按照价值观、情绪情感对事物、情感或人做出反应，这大体上同"态度"相仿，包括态度、情感、习惯、自我控制等
	交互技能	为达到某些目标人与人之间的相互影响，如沟通、教育、接纳、说服等

此外，本书把企业中的工作任务分为技术操作类、认知思维类和人际沟通类三类。每类任务都可能包含了"是什么""为什么""怎么做""谁知道"四类企业知识，这些知识有显性知识，也有隐性知识。而学习任务分析就需要进一步识别出各个任务所需的知识，并进行显性知识的汇总组合和隐性知识的外部显示。这与表4-3罗米索夫斯基的知识和技能分类也十分契合。罗米索夫斯基把知识分为事实、程序、概念和原理四种类型，把技能分为认知技能、动作技能、反应技能和交互技能四种类型，每一种类型又可以具体细分出若干子类。我们前面提到的"是什么"和"为什么"的企业知识可以对应到罗米索夫斯基提出的事实、程序、概念和原理四种类型的"知识"，而"怎么做"的知识可以对应到其提出的"技能"。技术操作类、认知思维类和人际沟通类三类任务对应的技能分别对应了动作技能、认知技能和交互技能，而反映技能作为态度类内容在所有任务中都有所涉及。

需要说明的是，显性知识的汇总组合主要是事实、程序、概念和原理四种类型知识的析出与表征，而隐性知识的外部显示则较多涉及技能相关的经验。事实、程序、概念和原理四种类型的知识析出与表征方法在相关的教学设计研究成果中已有较多呈现，如针对事实和概念类知识常常使用的主题分析法（也称为聚类分析法），先分层次找出特定教学科目的内容，随后将相关的内容分组，最后将内容按逻辑关系和顺序排列。此外还有针对程序类知识的程序分析法,该方法要教学设计师和学科专家或业务专家一起,先明确每个具体步骤中学习者应该采取的行动,可以是体力的,也可以是脑力的;再明确采取这些步骤学习者需要了解什么,需要哪些知识等;还要明确一些关键线索,如什么情况出现意味着出现了问题或者某步骤已完成或需要另一个不同的步骤等。然而,一些隐性的技能或经验的识别、分析与表征方法在已有的教学设计研究中还相对较少。如何分析和获得隐性的技能和经验是我们设计学习任务分析支持工具的重点,具体将在第五章呈现。

第三节　以规范化流程为导向的操作模型的构建

第二节我们阐述了建构基于任务分析的企业培训内容开发操作模型的基本思路,即从规范化流程和支持工具两个维度出发,一方面建立规范化的流程使实践人员的操作有据可依,另一方面提供支持工具帮助实践人员实现操作的标准化。本章主要从宏观上介绍规范化流程的各个阶段,具体流程的操作步骤和相应的支持性工具设计将在第五章进行详细说明。基于任务分析的企业培训内容开发流程涵盖了从目标任务确认到最后培训内容确定的整个过程,具体包括目标任务确认、工作任务分析、培训任务确定和学习任务分析四个阶段。第二节我们已经对各个阶段的逻辑思路进行了一一阐释。这一节,我们将根据逻辑关系对各个阶段进行综合汇总,以得到以规范化流程为导向的基于任务分析的企业培训内容开发操作模型。

该模型包含了目标任务确认、工作任务分析、培训任务确定和学习任务分析四个阶段,各个阶段层层推进,最终获得培训内容。如图4-8所示。其中,目标任务确认主要通过绩效分析和岗位/职位分析来实现,其中绩效分析可以锁定欠缺知识技能的目标人群,而岗位/职位分析可以获得岗位说明书。通过二者的匹配分析,我们可以确定需要进行任务分析的目标任务。这也是任务分析的起点。目标任务确定后,即进入工作任务分析阶段。该阶段主要通过行为任务分析和初步的认知任务分析,获得任务的输入、输出和

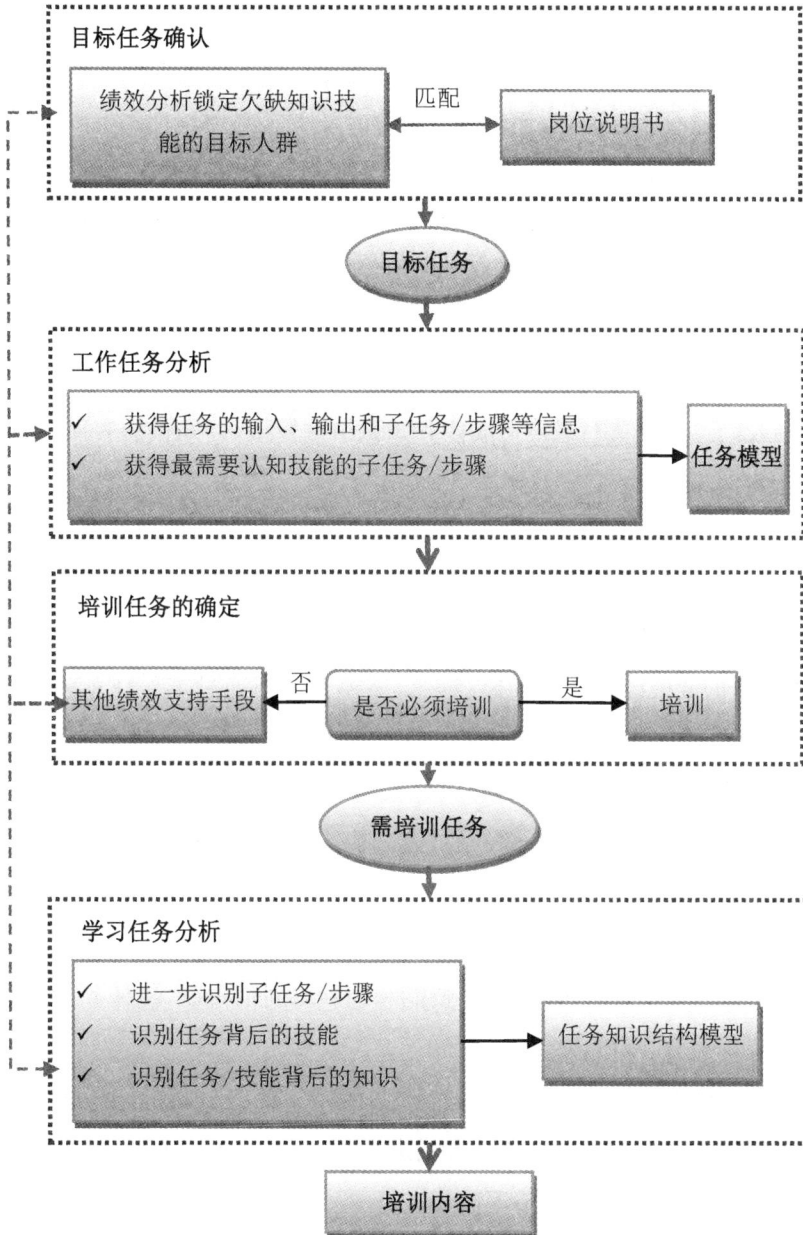

图 4-8　以规范化流程为导向的基于任务分析的企业培训内容开发操作模型

子任务/步骤等,以及最需要认知技能的子任务/步骤等信息。这些信息综合汇总使任务之间建立相互关联,得到任务模型,即工作任务分析的最终结果。工作任务分析之后,我们需要考量哪些任务是必须培训的,而哪些可以采取其他干预措施,也就是培训任务的确认。这一阶段是介于工作任务分析和学习任务分析中间阶段,只有选定需要培训的任务后,才要进行后续的学习任务分析。学习任务分析是获得培训内容的最后一个阶段,即知识析出和知识表征的过程。本阶段对需要培训的任务进一步进行知识析出,包括进一步识别子任务/步骤,进一步识别任务背后的技能,以及进一步识别任务/技能背后的知识,最终形成任务知识结构模型,即知识的表征,也就是培训内容的雏形。

本书开发出的基于任务分析的企业培训内容开发操作模型具有以下特点:第一,该模型改变了传统的保姆式任务分析的思路,从绩效改进的思路出发找出影响绩效的目标人群存在操作困难的目标任务,进而进行任务分析,可以有的放矢改进员工绩效;第二,该模型试图通过工作任务分析建立任务模型,克服了传统的工作任务分析得到大量零碎的任务步骤,难以建立任务步骤之间的关联的问题;第三,该模型从完成任务所需的专家经验、技能和支撑知识三个角度来分解任务,使其他员工能够模仿专家经验,练习技能并通过支撑知识反思形成个人的经验或理论,打破了传统的仅以学科主题内容或案例教学为教学内容的传统;第四,该模型试图通过建立任务知识结构模型来建立工作任务与知识、技能和经验之间的关联,使任务分析的结果应用更加充分、有效。

需要说明的是,以规范化流程为导向的基于任务分析的企业培训内容开发操作模型并不是采用线性的形式进行的,而是要不断迭代深入的,如本书强调,在工作任务分析环节不需要进行太过详细的分析,主要获得任务的整体结构,在后续的学习任务分析分析部分不断补充细节。此外,本书中的各个环节既相互依赖,又相互验证,在过程中持续进行评价、反馈与调整。如学习任务分析阶段需要依赖工作任务分析和培训任务确认阶段的输出成果开展工作,但如果发现工作任务分析不够详细,仍需要返回工作任务分析做进一步完善。还要注意的是,每一个培训项目一般涉及多个任务的分析,不一定所有任务的分析齐头并进,而是可以各自推进,在完成过程中不断进行反馈、修改,并优化任务分析的流程和方法。这种相互验证、不断迭代的模式一方面可以在与各岗位人员的持续沟通中加深业务领域的理解,进而加深对培养项目的理解,进而完善自己的需求;另一方面,双方的良性互动,可使用户及时了解项目进度,发现项目进行中的问题,并及时提出来予以纠正。

小结

✓ 近年来,随着知识经济的不断壮大和学习技术的持续更新,企业培训内容开发也呈现出新的趋势,需要我们引起重视。企业培训正从"学习思维"转向"绩效思维",数字化学习正成为新常态,越来越重视组织经验萃取和知识管理这三大趋势也是本书设计基于任务分析的企业培训内容开发操作模型的方向。

✓ 基于任务分析的企业培训内容开发操作模型的构建主要通过规范化流程和支持工具两个维度来展开,其中规范化的流程使实践人员的操作有据可依,而支持工具可以帮助实践人员实现操作的标准化。

✓ 本章主要从宏观上介绍规范化流程的各个阶段,具体流程的操作步骤和相应的支持性工具设计将在第五章进行详细说明。基于任务分析的企业培训内容开发流程涵盖了从目标任务确认到最后培训内容确定的整个过程,具体包括目标任务确认、工作任务分析、培训任务确定和学习任务分析四个阶段。

✓ 目标任务确认阶段主要确定要分析的"任务",首先需要从绩效问题入手,确认员工的知识技能或经验等欠缺是导致绩效差距的原因,并确定大致的员工范围;其次,查找目标人群的岗位说明书,获得完整的岗位职责和任务列表;最后,根据岗位说明书对比目标人群的现状,找出目标人群存在操作困难的任务。

✓ 工作任务分析阶段主要通过行为任务分析和初步的认知任务分析,获得任务的输入、输出和子任务/步骤等,以及最需要认知技能的子任务/步骤等信息。这些信息综合汇总使任务之间建立相互关联,得到任务模型,即工作任务分析的最终结果。

✓ 在工作任务分析完成之后,不是直接进行学习任务分析,而是要进一步确定需要培训的任务。"培训任务的确定"是衔接工作任务分析和学习任务分析的中间环节,主要目的是确定哪些任务必须进行培训,而哪些可以采取非教学性质的绩效支持,最终实现在节约时间和金钱成本的前提下更好地提升绩效的目的。

✓ 只有在选定需要培训的任务之后,才会进行后续的学习任务分析。学习任务分析是获得培训内容的最后一个阶段,即知识析出和知识表征的过程。本阶段对需要培训的任务进一步进行知识析出,包括进一步识别子任务/步骤,进一步识别任务背后的技能,以及进一步识别任务/技能背后的知识,最终形成任务知识结构模型,即知识的表征,也就是培训内容的雏形。

第五章
基于任务分析的企业培训内容开发操作实务

第四章我们已经提出了基于任务分析的企业培训内容开发操作模型。本章我们将对该模型进一步具体化。本章从目标任务确认、工作任务分析、培训任务确定和学习任务分析等阶段——展开，一方面进一步说明操作模型中各个阶段的开展步骤，另一方面也将提供相关的支持性工具，使该模型更具操作性。最后，我们将结合具体案例来展示该模式的具体使用情况，并提出了如何通过任务分析保证企业培训内容开发的质量。

第一节　目标任务确认

我们再重申一下，本书中任务分析的主要目的是，在通过绩效分析已确定有模糊的培训需要时，进一步获得学习者需要学习的知识、技能和态度等内容，最终使得学习内容与企业需求相匹配。"目标任务确认阶段"中所谓的"目标任务"，即员工存在任务完成困难，以至于引起企业绩效问题的任务。我们在找到目标任务后，才能进一步采取工作任务分析和学习任务分析获得学习内容，以补充员工完成任务所缺的知识、技能、经验和态度等。这一阶段的基本思路是从绩效问题入手，确认员工的知识技能或经验等欠缺是导致绩效差距的原因，并大致确定员工范围；随后查找目标人群的岗位

说明书,获得完整的岗位职责和任务列表;最后,根据岗位说明书对比目标
人群的现状,找出目标人群存在操作困难的任务。目标任务确认阶段的操
作逻辑如图 5-1 所示。具体的开展流程和相应的支持工具,我们将在下文
一一展开。

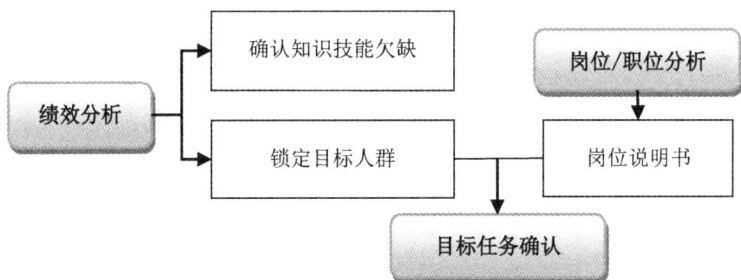

图 5-1　目标任务确认的操作逻辑

一、绩效分析的流程

绩效分析是目标任务确认阶段的关键环节。这一环节的目的是确定是
否真的有培训需求。前面我们讲到,在各种教学设计模型中,任务分析的目
的是在已经通过学习需求分析确定了教学总目标的前提下,进一步获得学
习者需要学习的知识、技能和态度等内容。也就是说,任务分析结果既要与
教学总目标保持一致,又要建立工作任务与具体教学目标的连接,最终使教
学内容与需求相匹配。相对而言,企业情境下的需求分析更复杂,不仅需要
通过绩效分析确定绩效问题,还要找出导致绩效问题的原因,并针对性地选
择干预措施来解决绩效问题。正如"绩效思维"所讲的那样,并非所有的需
求都是培训需求,需求分析不仅需要确定是否存在需求,还要确定需求是否
可以通过培训得到最好的满足。绩效分析环节即是完成这一工作。

绩效分析是明确绩效问题和原因的过程,也是绩效改进的第一步。绩
效改进一般包括绩效分析、干预措施的选择、设计、开发、实施与维护,以及
评估等阶段(Van Tiem et al.,2012),如图 5-2 所示。通俗点来说,绩效改

进过程就像医生看病,医生要先诊断病情,然后根据病人的症状以及身体检查和诊断实验的结果开具处方。只有经过充分的绩效分析才能确定问题,进而有的放矢地提供干预方案。

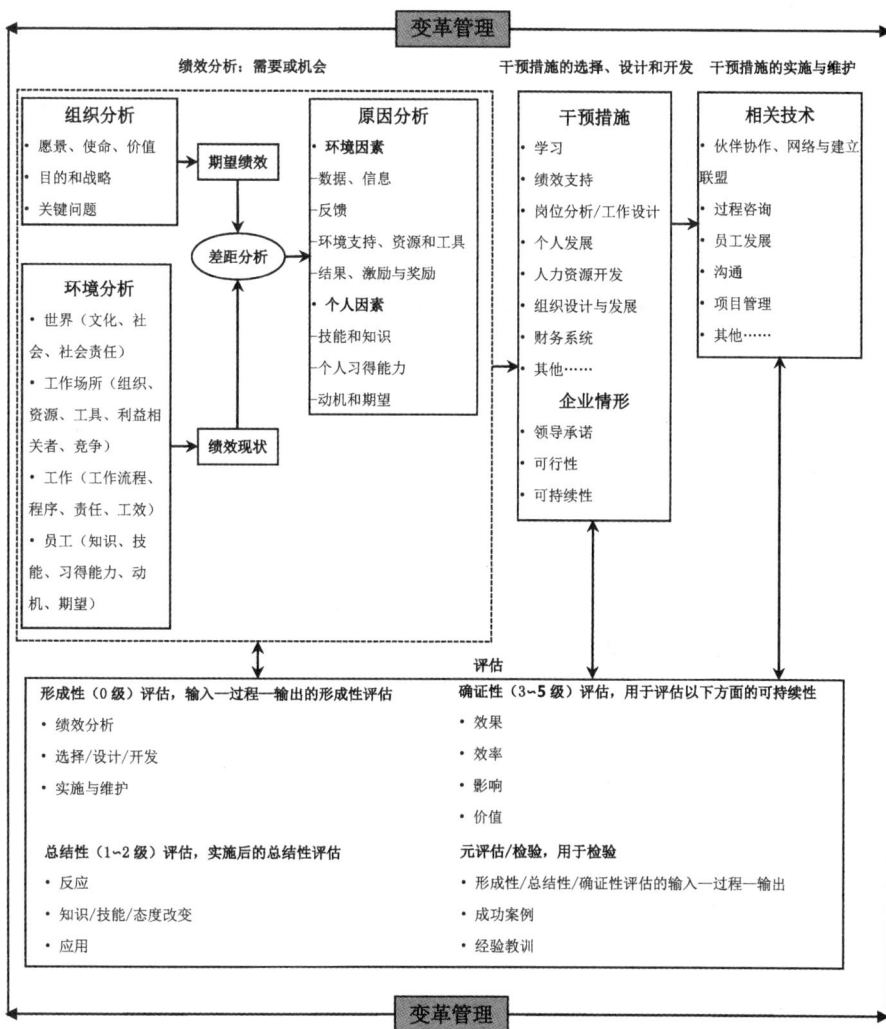

变革管理

绩效分析:需要或机会　　干预措施的选择、设计和开发　干预措施的实施与维护

组织分析
- 愿景、使命、价值
- 目的和战略
- 关键问题

期望绩效

差距分析

绩效现状

环境分析
- 世界(文化、社会、社会责任)
- 工作场所(组织、资源、工具、利益相关者、竞争)
- 工作(工作流程、程序、责任、工效)
- 员工(知识、技能、习得能力、动机、期望)

原因分析
- **环境因素**
- 数据、信息
- 反馈
- 环境支持、资源和工具
- 结果、激励与奖励
- **个人因素**
- 技能和知识
- 个人习得能力
- 动机和期望

干预措施
- 学习
- 绩效支持
- 岗位分析/工作设计
- 个人发展
- 人力资源开发
- 组织设计与发展
- 财务系统
- 其他……

企业情形
- 领导承诺
- 可行性
- 可持续性

相关技术
- 伙伴协作、网络与建立联盟
- 过程咨询
- 员工发展
- 沟通
- 项目管理
- 其他……

评估

形成性(0级)评估,输入—过程—输出的形成性评估
- 绩效分析
- 选择/设计/开发
- 实施与维护

确证性(3~5级)评估,用于评估以下方面的可持续性
- 效果
- 效率
- 影响
- 价值

总结性(1~2级)评估,实施后的总结性评估
- 反应
- 知识/技能/态度改变
- 应用

元评估/检验,用于检验
- 形成性/总结性/确证性评估的输入—过程—输出
- 成功案例
- 经验教训

变革管理

图 5‑2　绩效改进模型(Van Tiem et al.,2012)

绩效分析主要聚焦在四个方面:期望绩效水平,实际绩效水平,期望绩

效水平和实际绩效水平之间的差距,以及绩效差距产生的原因。图5-2中,组织分析的目的是确定期望绩效,环境分析则要明确绩效现状,随后通过对比找出期望绩效水平和实际绩效水平之间的差距,并分析绩效差距产生的原因,即完成了整个绩效分析流程。

(一)组织分析

组织分析的目的是确定期望绩效,即确定组织或领导们试图实现的绩效和远景目标。具体分析时需要对组织的愿景、使命、价值观、目标、战略和关键问题进行分析。这一阶段绩效改进专家要审查现有文件,如组织的战略规划、历史、章程、董事会会议记录、年报、新雇员上岗指导资料、项目管理数据、薪酬报告、基准数据、人才管理数据库、客户满意度数据等。还要尽可能多的从内部和外部利益相关者那里搜集意见和看法。参考拉姆勒和布拉奇(Rummler & Brache,1990)《绩效改进:如何管理组织架构内的所有部分》一书,组织分析可能涉及的问题如表5-1所示。

表5-1　组织分析工具(Rummler & Brache,1990)

组织分析要素	定义和范畴	涉及的问题
愿景	愿景是组织对其最终期望状态的长远观点,是组织希望自我转变的最终形态	✓ 组织的愿景是怎样的? ✓ 该愿景是否有明确的定义? ✓ 是否已对该愿景做了充分的宣传? ✓ 对于组织内部的优势和劣势而言,该愿景是否具有意义? ✓ 对于外部挑战和机遇而言,该愿景是否具有意义?

（续表）

组织分析要素	定义和范畴	涉及的问题
使命	使命是组织存在的原因，指明组织前进的方向和目的，同时，也受市场需求、生产能力、自然资源、监管行为、技术、经销方法、所提供的产品和服务等类似因素驱动	✓ 组织的使命是什么？ ✓ 该使命是否已有明确的定义？ ✓ 是否已对该使命做了充分的宣传？ ✓ 对于组织内部的优势和劣势而言，该使命是否具有意义？ ✓ 对于外部挑战和机遇而言，该使命是否具有意义？
价值观	价值观是组织长久的核心理念，价值观促使组织更好地发展并实现其愿景	✓ 组织的价值观是什么？ ✓ 该价值观是否已有明确的意义？ ✓ 是否对该价值观做了充分的宣传？ ✓ 该价值观是否与组织的愿景和使命相匹配？ ✓ 对于组织内部的优势和劣势而言，该价值观是否具有意义？ ✓ 对于外部挑战和机遇而言，该价值观是否具有意义？
目标	目标是组织希望取得的结果，必须与组织的愿景、使命和价值观保持一致，并被清楚界定，同时具备相关性、可理解、符合实际，并且能反映组织的文化动态	✓ 列出以下各领域的目标：产品和服务；客户和市场；竞争优势；产品和市场的第一要务 ✓ 是否每项目标都已有明确的定义？ ✓ 是否已对每项目标做了充分的宣传？ ✓ 是否每项目标都与组织的使命、愿景和价值观相匹配？ ✓ 是否每项目标都对组织内部的优势和劣势具有意义？ ✓ 是否每项目标都对外部的挑战和机遇具有意义？

（续表）

组织分析要素	定义和范畴	涉及的问题
战略	战略是组织为促进经营发展而制定的计划，其作用是确定组织的市场定位、发现和培育客户，在全球环境下与其他组织竞争，发展竞争优势，实现方法的目标和目的等	✓ 针对以下各领域目标的实现来考虑组织战略：产品和服务（我们计划做什么），客户和市场（我们将要做的事情是为了谁），竞争优势（客户为什么向我们购买产品和服务），产品和市场的第一要务（我们的重点在哪里） ✓ 是否每项战略都已有明确的定义？ ✓ 是否已对每项战略做了充分的宣传？ ✓ 是否每项战略都与组织的使命、愿景、价值观和目标相匹配？ ✓ 是否每项战略都对组织内部的优势和劣势具有意义？ ✓ 是否每项战略都对外部的挑战和机遇具有意义？
关键问题	关键问题是决定组织能否成功，以及反映组织内存在的急需解决的各种问题或机遇。如提升客户满意度并留住雇员或客户，扩大市场份额，降低或消除过度浪费等	✓ 组织的关键问题有哪些？ ✓ 组织的历史、传统、文化、市场份额和品牌对关键问题有怎样的影响？ ✓ 关键问题是否已表达清晰？具体是如何表达的？ ✓ 关键问题是否对客户构成影响？如何影响？ ✓ 关键问题是否对财务利益相关者构成影响？如何影响？ ✓ 关键问题是否能与组织的愿景、使命、价值观、目标和战略协调一致？

（二）环境分析

环境分析是对个人和组织的实际情况进行辨识分析的过程，其目的不是发现问题，而是确认绩效现状。环境分析一般包含世界、工作场所、工作和员工等要素。其中对世界环境的分析是以影响组织和绩效的社会现实，以及影响工作场所、工作和员工绩效的文化问题为中心，包括文化、社会、利益相关者和竞争等。工作场所分析的重点是发现组织内部对绩效起支持作用的因素，包括资源分配、招聘和聘用工具、政策、反馈、达成或未达成绩效的后果、留住员工和继任计划等内容。工作分析的重点是指工作设计或程序层面的问题。员工分析是环境分析的最后一步，更关注员工的知识、技能、能力、动机和期望等方面。环境分析部分可能涉及的问题如表 5‐2 所示。

表 5‐2　环境分析工具（Van Tiem et al.,2012）

要素	涉及的问题
组织环境	组织与其外部利益相关者（如客户、供应商、分销商、行业监管者、股东、特殊利益群体、专业协会、竞争对手等）和竞争环境相互影响时会发生什么状况？ ✓ 组织与其外部利益相关者是如何相互影响的？ ✓ 哪些相互影响对组织成功最为关键？ ✓ 竞争对于组织、工作场所、工作和员工的作用是什么？ ✓ 组织为了保持竞争力需要做哪些事情？ ✓ 各利益相关者是如何界定优质产品或服务的？
工作场所	组织内部发生的哪些情况能够为实现最佳绩效提供支持？如资源（时间、金钱、人员、工具、材料、空间）、信息、政策和程序等 ✓ 工作者是否拥有实现最佳绩效所需的充分资源？ ✓ 工作者是否拥有实现最佳绩效所需的全部信息？ ✓ 招聘、雇用、反馈方面的政策及其效果是否能为实现最佳绩效提供支持？
工作层面	在工作层面正在发生哪些状况？包括工作设计、工作流程、工作职责等 ✓ 工作设计是否符合实现最佳绩效的要求？ ✓ 工作流程是否能促进任务的有效完成？ ✓ 工作职责的界定是否清晰明确？

(续表)

要素	涉及的问题
员工层面	在员工层面有哪些状况？技能、知识、动机、期望、资格或能力 ✓ 工作者是否具备实现组织成功所需的知识或技能？ ✓ 工作者是否具备实现组织成功的动力？ ✓ 工作者的期望是否与整体绩效环境现实相匹配？ ✓ 工作者是否有能力取得成功？

（三）差距分析

绩效差距是指实际绩效状态与期望水平之间的落差。绩效差距分析是原因分析和干预手段选择的基础。差距分析主要包括以下步骤：识别和分析实际绩效状态（当前是怎样）和期望绩效状态（应当怎样）；识别实际绩效状态和期望绩效状态之间的差距；按照优先程度对各类差距进行排序；分析差距产生的原因。其中实际绩效状态通过环境分析完成，期望绩效状态通过组织分析完成，而各种绩效差距的优先排序则可以通过德尔菲法或排序工具来实现。常见的排序工具包括配对比较分析、网格分析、行动优先级矩阵。表5-3为行动优先级矩阵。

表5-3　行动优先级矩阵

绩效差距	重要程度从低到高									
	1	2	3	4	5	6	7	8	9	10
1…										
2…										
3…										

在表5-3中，第一列是已经发现的绩效差距，每一个绩效差距根据重要程度从1到10排序，随后多位成员一起讨论决定哪种差距最为重要。

（四）原因分析

原因分析是绩效分析的最后一步，目的是找出存在绩效差距的原因。广为认可的吉尔伯特"行为工程模型"把影响绩效的因素分为两类：环境因素和个人因素。环境因素包括数据、工具和激励。个人因素包括知识、能力和动机等。基于行为工程模型，结合已有研究，我们整理得到表5-4。

表5-4　引起绩效差距的原因

	引起绩效差距的原因	具体原因举例
环境因素	数据、信息、反馈	未能及时提供信息 反馈机制缺乏 文件记录不详 没有建立绩效标准 数据是否与绩效相关联
	环境支持、资源、工具	人类工程学方面的缺陷 不适当的工作条件 没有提供工具或工具的配置没有得到优化 完成工作时间不充足
	结果、激励、奖励	工作与组织的使命和需求无关 奖励不以绩效为基础 相互矛盾的激励机制 较差的工作表现仍能获得奖励
个人因素	技能和知识	知识、技能、培训和教育的缺乏 无法发挥系统的作用
	个人习得能力	天赋、能力、体能或体力的缺乏 工作分析不充分
	动机和期望	不适当和惩罚性的绩效体系 薪资待遇不切合实际

资料来源：根据相关文献整理而得。

为了更准确地描述工作场所中存在绩效差距的原因,有研究者基于吉尔伯特的 PROBE(PRO＝剖析,BE＝行为)模型开发了以下工具(Van Tiem et al.,2012)。如表 5－5 所示。

表 5－5　吉尔伯特的 PROBE 模型的应用(Van Tiem et al.,2012)

类别	问　　题	是	否
数据	是否有充足且容易获得的数据(或信号)来指导有经验的个人做出良好的工作表现		
	这些数据(或信号)是否准确		
	是否能保证这些数据(或信号)中不含有可能导致绩效下滑或发生错误的、模糊且严重自相矛盾的内容		
	包含在工作指示中的数据是否过多,是否能以最为简化的方式表达,是否已经从各种无关数据中筛选出来		
	这种工作提示是否能及时提供		
	是否已经建立良好行为的典范		
	是否已经将清晰且可以衡量的绩效标准传达给所有工作者,以便他们知悉组织对其工作表现的期望		
	他们是否认可这些标准的合理性		
反馈	与工作相关的反馈信息,除了对行为进行评价外,是否还能对照标准对工作结果进行评价		
	这些反馈信息对于帮助雇员牢记他们以往的行为而言,是否充分、及时和频繁		
	这些反馈信息是否能做到有选择性、有针对性、限制在少数重要事项上,并且不含有多余的数据和模糊的表述		
	这些反馈信息对于雇员从中学习到一定的知识和经验而言,是否有教育性、积极性和建设性意义		
工具	是否始终具备工作所需的必要工具		
	这些工具是否可靠和有效		
	这些工具是否安全		

（续表）

类别	问　题	是	否
信息	程序是否有效,其设计是否能够避免不必要的步骤和徒劳无益的行为		
	这些程序是否建立在有效的方法之上,而非建立在历史上曾经发生过的偶然事件之上		
	这些程序对于工作和技能水平而言是否适当		
	这些程序中是否已剔除无益的重复内容		
资源	是否具备圆满完成工作所需的资料、物资和协助		
	它们是否按照工作的需要进行了有效的调整		
	周边条件是否能提供舒适的工作环境并能避免不必要的干扰		
激励	工作薪酬是否具有竞争力		
	针对良好的绩效,是否能够给予大额奖金或加薪待遇		
	良好的绩效与职业前途之间是否存在某种关系		
	对于良好的绩效,是否能够根据结果而不是行为提供有意义的非金钱激励(如表彰等)		
	这种非金钱激励的使用频率是否合适,既不过分频繁(丧失意义),也不过分罕见(变得毫无用处)		
	工作表现良好是否可以免于处罚		
	工作表现不佳是否可免于隐性的激励		
	针对良好绩效适用的积极和消极激励之间是否能实现平衡		
知识和培训	人们是否了解好坏绩效所带来的后果		
	他们是否能掌握绩效的本质? 是否已经构建绩效总蓝图		
	他们是否具备实现良好绩效的技术概念		
	他们是否具备充分的专业技能		
	在经过初次培训之后,他们是否经常使用培训中所学到的技能		
	组织是否具备良好的工作支持系统		
能力	工作者是否具备迅速而准确地掌握必要知觉辨认的基本能力		
	他们在情绪上能够做到不受任何限制,从而避免对绩效形成干扰		
	他们是否具备充分的实力和灵活程度,从而确保较好地完成工作		

（续表）

类别	问　题	是	否
动机	工作者在入职时看上去是否怀有实现良好绩效成果的愿望		
	他们的动机能否持久，人员流动率能否保持较低水平		

二、岗位/职位分析的流程

前面我们梳理了绩效分析的流程。在目标任务确认阶段，经过绩效分析，我们确认员工的知识技能或经验等欠缺是导致绩效差距的原因，并大致确定员工范围；随后需要用到目标人群的岗位说明书来进一步完成目标任务确认。

岗位说明书是记录岗位/职位分析结果的文件，它把所分析该岗位的职责、权限、工作内容、任职资格等信息以文字形式记录下来，以便管理人员使用。岗位/职位分析是对组织中某个特定工作岗位的设置目的、任务或职责、权力和隶属关系、工作条件和环境、任职资格等相关信息进行收集与分析的过程。目标任务确认阶段需要根据岗位说明书对比目标人群的现状，找出目标人群存在操作困难的任务。

常见的岗位/职位分析方法包括职务分析问卷（PAQ）、工作要素法（JEM）、职能工作分析方法（FJA）、任务清单分析系统（TLA）、关键事件法（CIT）等。我们前面提到DACUM方法，通过一个大约两天的工作坊，识别出某个职业或者岗位的职责和任务，也是常用的面向企业培训内容开发的岗位/职位分析方法。具体DACUM方法的开展过程可以参照本书的第二章第二节。

需要说明的是，并不是每一次的培训内容开发都要从岗位/职位分析开始。教学设计人员只有在以下情况下才需要进行岗位/职位分析：①岗位说明书不存在、过时；②与决策者期望的岗位信息不一致；③不能够指导进一步更详细的任务分析时；④由于技术、管理或者其他工作环境的改变导致了职位描述的巨大改变(Rothwell & Kazanas,2008)。此外,教学设计人员在进行岗位/职位分析时,应该主要关注教学面对的目标群体,这样才更可能及时实际地达到改进绩效的目的。

三、目标任务确认支持工具

本阶段涉及的方法工具包括:绩效分析工具、岗位/职位分析工具和具体的目标任务确认的工具。前面我们在讲解绩效分析和岗位/职位分析流程时,已经列出了部分工具。这里是本书设计的其他可能用到的支持工具。

（一）岗位说明书检核表

岗位说明书是企业对员工的基本要求,对于员工的适岗培训具有非常重要的参考价值。企业中几乎所有稳定的岗位都配备有岗位说明书。在实践中,我们很可能在人力资源部、培训部或行政部门找到类似的资料文件。然而,并不是所有的岗位说明书都能直接拿来用于培训参考。出于严谨性考虑,在使用已有的岗位说明书之前,我们需要考察岗位说明书与待分析任务的关联度。这也是很多教学设计实践者容易忽略的地方。基于此,本书设计了"岗位说明书检核表"这一工具,以帮助实践者核查已有的岗位说明书是否符合要求,如表5-6所示。

表 5 - 6　岗位说明书检核表

检核问题 1:岗位说明书编制的目的是培训吗?
企业招聘(企业招聘岗位信息)、晋升(岗位的要求及上岗的标准)、培训(岗位的技能针对岗位员工是否欠缺)、岗位评估等都建立在完整的岗位信息基础之上。我们这里用到的岗位说明书,应该是以培训为目的的,用来核查岗位员工欠缺哪些岗位技能
检核问题 2:岗位说明书是符合现状及未来要求的吗?
岗位说明书不仅仅是员工"现在做的"的职责或者任务,而且是"应该做的"职责或任务
检核问题 3:岗位说明书的范围界定是正确的吗?

（续表）

岗位说明书应该提供员工的工作范围或工作任务，即做什么，而不提供具体怎么操作、什么时候做、在哪里做和谁做等信息
检核问题4：岗位说明书是谁编写的？
岗位说明书可能由人力资源部门、业务部门的在岗人员或者管理者，也可能是咨询机构编写的。无论谁来编写，岗位说明书都要从员工那里获取最原始资料，之后由上一级主管审核。在这样的过程中，上下级之间可以检讨是否在岗位职责方面有任何误解，主管对员工的要求是否得到员工清晰的领会
检核问题5：岗位说明书是依据哪些员工为基准编写的？
企业里有优秀、合格和不太合格的员工。岗位说明书不能以"优秀员工的岗位工作职责与工作任务"为基准，应力求客观，在确保上岗资格都能胜任的情况下进行岗位分析

"岗位说明书检核表"主要包括五个检核问题，分别涉及岗位说明书的设计目的（检核问题1）、岗位说明书的时效性（检核问题2）和岗位说明书的准确性（检核问题3、4和5）。实践者可以通过这五个检核问题及对应的问题描述核查已有的岗位说明书是否符合要求。

"岗位说明书检核表"这一工具的使用前提是，待分析的目标岗位已经存在岗位说明书。前面我们也提到岗位/职位分析并不是必需的，如果已经有比较完善的岗位说明书，可以省去岗位/职位分析这一环节。如果企业没有成形的岗位说明书，则需要进行岗位/职位分析。

（二）面向培训的岗位说明书样本

使用"岗位说明书检核表"后，如果岗位说明书能够符合标准则可以直接投入使用来确认目标任务。然而，如果岗位说明书存在问题，特别是岗位说明书的目的是招聘、晋升而非培训时，教学设计实践者就需要组织专家对岗位说明书进行改写。本书认为，面向培训的岗位说明书与其他目的的岗位说明书略有区别，面向培训的岗位说明书除了获取岗位的基本信息、任职资格外，还要对岗位职责、任务、任务的输出成果和衡量标准进行详细的说明。我们这里设计了"面向培训的岗位说明书参考样例"(见表5-7),以更好地帮助实践者撰写面向企业培训的岗位说明书。

表5-7　面向培训的岗位说明书参考样例

岗位名称		岗位类别	
直属上级		所属部门	
岗位目的			
岗位纵向关系:			
岗位横向关系(接口)			
岗位职责	任务列表	输出成果	合格衡量标准/依据
职责1			
职责2			
关键绩效指标			
关键业务流程			
任职资格	包括基本条件(如文化程度、专业、职业资格、年龄要求、经验要求等)、知识要求、基本技能要求和个性品质特征等		

　　工作基本信息、岗位设置目的、主要职责、工作环境以及任职资格要求等方面的内容是大多数岗位说明书的必备要素(胡八一,2010;彭剑锋,2018)。本书提出的"面向培训的岗位说明书参考样例"的特色是,清晰地列出了岗位的岗位职责以及职责相应的任务列表、输出成果和合格衡量标准/依据。这也是教学设计实践者改写岗位说明书的重点与难点。我们期望岗位说明书简洁清晰地展示岗位的工作范畴,而不是单纯地罗列岗位职责。改写后的岗位说明书既要提供关于岗位的直观信息,又能形成符合逻辑又相互关联的工作群,使各个工作任务形成一个紧密联系的整体。

　　在根据已有的岗位说明书改写为面向培训的岗位说明书时,特别需要注意职责和任务的特征,这也是教学设计师需要严格把关的地方。在

DACUM 关于任务的描述基础上,我们稍作修改列出了职责和任务的特点,以帮助教学设计师获得正确的任务列表。职责和任务的特征包括:①职责通常包括 6～12 个;② 任务通常是 75～125 个;③任务有一个明确的开始和结束;④任务在相对短的时间内执行;⑤任务有输入、输出和执行条件;⑥通过观察一个任职者,可以做出一个明确的判断,该任务是否已经被执行;⑦每个任务都是独立于其他行动,独立于工作流程的任何一个部分;⑧一个任务是否执行会触及任职者自身的利益;⑨任务语句是一个非常具体的行动的声明,总有一个动词和一个对象,可能有限定词。

我们这里举一个例子,如培训经理的一个重要任务是做培训计划。"做培训计划"这个任务界定清楚了吗? 根据任务的特征,我们知道,真正的任务是有输入、加工和输出的,有明确的开始和结束的。培训计划的输入和输出是什么,开始和结束是什么? 事实上培训计划分为年度培训计划、3～5 年战略性培训计划等,而年度培训计划又分为部门培训计划、事业部培训计划和公司级培训计划。此外,根据影响任务复杂变量的维度,按类别可以分为人才培养的计划和变革管理类的计划。做初级操作工人的培训计划(如店员的年度培训计划)与做从传统经营转型互联网经营的后备领导者的培训计划,差别非常大。在界定任务时,教学设计师一定要根据任务的特征描述帮助业务专家完成任务描述。

(三) DACUM 质量标准

工具(一)和(二)主要针对的是已经有岗位说明书的情况。前面我们也提到,如果没有岗位说明书,需要从头进行岗位/职务分析。本书推荐使用 DACUM 方法,相对简单易上手。为了帮助实践者更好地开展 DACUM,本书提供了 DACUM 的质量标准,如表 5 - 8 所示。

表 5‒8　DACUM 质量标准(Norton, 1997)

1. DACUM 专家成员结构:	
A. 共有 5~12 专家型员工组成 B. 大多数专家都是实际的工作者(而不是主管或经理) C. 委员会成员具有地域代表性 D. 有一定比例的少数群体代表	E. 选择专家员工时,考虑到小型、中型和大型企业的不同 F. 选定的成员们能够在整个分析过程中参与 G. 有一个工作职业名称和定义用来选择专家成员
2. 引导师对于 DACUM 过程的操作是训练有素的	
3. 引导师是认证机构认证合格的	
4. DACUM 过程包括:	
A. 对专家委员正式地介绍 DACUM 流程 B. 对整个工作/职业进行最初的头脑风暴 C. 开发组织结构图 D. 识别所有的工作/职业职责(通常 6~12) E. 对各项职责进行头脑风暴,确定具体的任务 F. 识别所有的工作/职业任务(通常是 75~125) G. 所有职责和任务在专家成员中达成明确的共识 H. 审查和完善所有的职责和任务	I. 对所有的职责和任务排序 J. 识别出一般的知识和技能 K. 识别所有重要的员工行为(或特性) L. 确定使用的工具、设备、供给物品和材料 M. 识别影响员工的未来趋势/担忧 N. 列出和定义 DACUM 中用到的所有的首字母缩写词和不常用的术语 O. 如果合适的话,审查和修改工作的职业名称,内部达成一致意见
5. 生成的 DACUM 研究图表包含的职责陈述:	
A. 代表广泛的工作职责 B. 以描述性的行为动词开头	C. 包含一个对象(员工操作的对象) D. 包含一个简洁的修饰词语(适当的时候)
6. 生成的 DACUM 研究图表包含的工作任务:	

（续表）

A. 表示具有有意义的结果的工作活动的最小单位	E. 可以在很短的时间周期来执行
B. 只是一个产品、服务或决定	F. 可以与其他任务独立完成
C. 代表可分配的或者可委托的工作单元	G. 包含两个或更多的步骤
D. 有一个明确的开始和结束点	

7. 所有DACUM研究图表的任务陈述：	
A. 以一个精确的行为动词开始	F. 避免提及需要的知识
B. 包含接收行为的一个对象	G. 避免提及支持员工的行为
C. 包含一个描述性的修饰语	H. 避免提及辅助工具和设备
D. 是明确和简洁的说明	I. 只列出一次（除非两个任务很相似，要明确具体差异）
E. 单独存在（是有独立意义的）	

8. 除了职责和任务外，DACUM包含的其他研究内容：	
A. 员工所需的一般知识和技能列表	D. 未来趋势/关注点的列表
B. 所需的员工行为列表（个人特质和属性）	E. 缩略词及其定义以及不寻常的术语表（可选）
C. 所需要的工具、设备、用品和材料清单	

9. DACUM研究图表包含的描述性的识别信息：	
A. 达成一致的工作/职业名称	E. 导引师的姓名和联系方式
B. 该组织的名称	F. 举办工作坊的地点
C. 主办单位的名称	G. 举办工作坊的日期
D. 所有专家成员的姓名和联系方式	

（四）任务列表的检核标准

在实践中，我们发现，任务的撰写是教学设计实践者容易出错的地方，很多人常常把流程当作任务。然而，流程能大概说明整体的操作，却没有体现任务的特点，比如任务的输入、输出和环境条件。此外，还有一个常见问题是把任务输出成果当作任务。因此，我们在已有研究（王琢和刘澄，2015）的基础上，提出了四个任务列表的检核标准，帮助教学设计师撰写和核对任务,如表 5 - 9 所示。

表 5 - 9　任务列表的检核标准

任务列表检核标准	说　　明
整体性	所有工作活动已包含在任务列表中
衔接性	每项任务都在工作的某个方面之间起到具体的衔接作用
独立性	每项任务都能够与其他任务相区分,并且有明确的开始和结束标志
动态性	每项任务描述都包含一个行为动词和该行为所作用的对象

（五）目标任务确认问卷样本

本书中,目标任务的确认即通过岗位说明书与目标人群的现状对比找出目标人群存在的操作困难的任务。这里,我们需要根据岗位说明书和绩效分析结果进一步寻找存在问题的任务,即目标任务。针对实践操作随意性大,难以保证信效度等特点,我们设计了"目标任务确认问卷",试图通过该问卷来帮助实践者获得目标任务相关的信息,具体如表 5 - 10 所示。该问卷的作用有两个:第一,帮助确认岗位说明书中的工作任务的正确性、完备性;第二,获得任务是否存在操作困难等方面的信息。参与评分的对象应包括完成对应工作的员工和这些员工的直属领导等。根据问卷获得的信息,教学设计实践者一方面可以修改和完善岗位说明书,另一方面也能找出员工完成哪些任务存在困难以及存在哪些困难。

表 5 - 10　目标任务确认问卷样本

问卷调查说明:本问卷的主要目的是了解员工的工作任务,为培训的设计提供依据。

问卷选项说明:问卷主要包括三方面的问题,某职责下的某任务真的是员工需要完成的任务吗? 员工在完成该任务时是否存在困难? 如果存在困难的话,请写出有哪些困难。如果有其他重要信息,请写在备注一栏。

（续表）

职责	任务	是需要完成的任务吗	是否存在困难	存在哪些困难	备注
职责 A	任务 1	Yes　　No	Yes　　No		
	任务 2				
	任务 3				
	...				

第二节　工作任务分析

　　确定了目标任务即确定了工作任务分析的对象。工作任务分析环节先要获得目标任务的概要信息（如典型的输入、输出和主要步骤等），并澄清任务之间的关系，即进行行为任务分析。由于一些任务常常涉及复杂认知任务，因此仅仅进行行为任务分析是不够的，还需要进行认知任务分析。认知任务分析可以深入剖析单个复杂认知任务，关注内在的知识、技能和任务结构等，获得认知过程。根据本书的设计思路，本阶段只需要识别出"最需要认知技能的子任务/步骤"，认知任务分析的具体开展会在学习任务分析环节进行。工作任务分析的最终目的是建立完整的任务模型。工作任务分析的操作逻辑如图 5-3 所示。具体的开展流程和相应的支持工具，我们在下文展开说明。

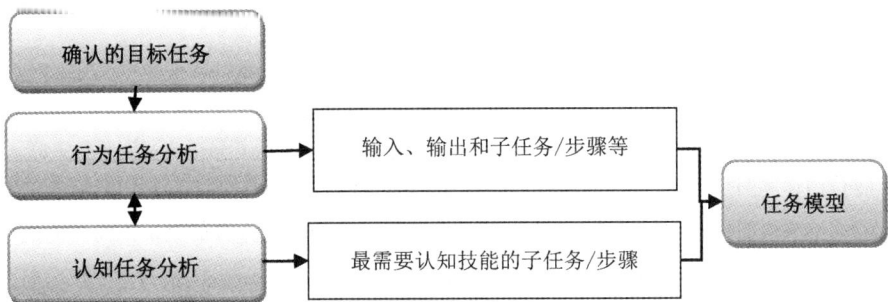

图 5-3　工作任务分析的操作逻辑

一、行为任务分析的流程

　　行为任务分析是工作任务分析阶段的关键环节,主要描述人们是如何完成工作的,主要识别任务的步骤成分、步骤的顺序、任务的操作条件、任务线索和必须达到的行为标准,如精确度、顺序或者速度等信息。行为任务分析可能需要搜集的信息如表 5-11 所示。

表 5-11　行为任务分析需搜集的典型信息(Bell et al.,2009)

①谁来执行各项任务

②多长时间? 个人完成任务的时间是多少

③任务的频率

④任务完成的行为标准

⑤任务的完成顺序和其他任务的先后顺序,以及如何结合

⑥任务开始的线索

⑦任务完成过程中有哪些环境风险和安全禁忌

⑧任务的重要性,任务成功和完整地完成对于整个使命的成功有什么重要意义

⑨任务延迟极限

⑩完成任务的困难程度

⑪学习任务的困难程度

⑫任务是个人独立完成还是可以在别人监管下完成

⑬如果长期不从事某项任务,是否会遗忘

⑭完成任务所需的工具和辅助,能够开发工作帮助来简化任务,减少培训需求,减少遗忘吗

　　行为任务分析过程可能包含以下几项活动:查阅系统和企业文件、访谈业务专家、观察员工完成任务的行为过程、记录信息、组织信息和验证分析结果。除非是特别简单的任务,一般的行为任务分析是一个不断循环迭代的过程,目的是获得关于做什么和怎么做的深度理解。其中,文件档案可能包括使命需求、商业计划、系统规范、场景描述、使用案例和技术图纸等。这

些文件提供了背景性的信息,可以帮助分析师准备访谈问题,也能为后续的任务观察明确关注点。

业务专家访谈可以请专家列出在具体情境中完成特定任务的任务顺序或者让专家进行详细的言语报告。除了需要专家描述具体的操作行为,还需要描述提示任务开始和任务结束的线索条件,以及可以成功监控任务进度的各种线索。信息搜集的方式可以仅仅依靠专家的言语报告或者访谈等言语性信息,也可以边详细记录专家的操作行为,边与专家的言语描述相对比。具体方法的选择依赖于任务复杂度、分析的目的和分析师的经验。

专家的选取也是个挑战,如果可能的话,观察个体或者集体操作任务是很有价值的。如果要分析的任务是集体任务,团队成员应该像往常一样在任务执行过程中扮演自己正常的角色。这样可以识别出专家和"一般人"在任务执行过程中的区别,也能够识别出潜在的与工作量、设备布置或者基础技能相关的绩效问题。

由于行为任务分析方法使用历史较长,已有很多方法在实践中广泛应用。我们这里列出了一些分析方法,如表 5-12 所示。

表 5-12　行为任务分析方法(Carlisle,1986,1989)

访谈法	人体工学分析法	关键事件技术
卡片分类法	问题分析法	学习层次分析
任务矩阵法	工作满意分析	操作功能模型
列表展开法	范例分析	操作顺序表
日志法	过程图	时间线分析
边做边聊法	流程图	算法分析
工作功能分析法	操作图	设备分析
绩效缺失分析法	决策技术	接口分析
风险评估法	刺激反应法	设计分析
行为录像法	图片技术	设计访谈

至于行为任务分析的详细程度,本书认为,一开始就进行太过详细的分析很可能难以获得任务的整体结构,难以建立子任务或者步骤之间的关联,这也是当前企业任务分析对任务层层分解常常出现的问题。我们建议先进行大概的分析,在后续的学习任务分析分析部分不断补充细节。因此,行为任务分析主要获得目标任务的概要信息(如典型的输入、输出和主要步骤)并澄清任务之间的关系即可。此外,本环节的另一个重要任务是识别出最需要认知技能的子任务/步骤。具体如何识别最需要认知技能的子任务/步骤,本书在下文提供了相应的支持工具。

二、工作任务分析支持工具

在本阶段,本书提供了工作任务分析的专家访谈提纲、输出成果样本、认知任务的界定工具、工作任务分析阶段的检核表等工具以更好地获得任务的相关信息。

(一)专家访谈提纲样本

根据本书提出的工作任务分析的操作流程,教学设计师需要与业务专家合作获得工作的基本信息,并把待分析的任务分解成若干个步骤或子任务。为了帮助教学设计人员进行专家访谈,以确保业务专家只描述任务的主要步骤(一般情况下不低于3个而不超过6个)而非把时间浪费在深入探讨详细的细节上,本书设计了专家访谈提纲样本,如表5-13所示。使用本书设计的专家访谈提纲,我们可以对各项任务进行分析并识别出任务的步骤、步骤的顺序、任务的操作条件、任务线索和任务必须达到的行为标准等,即获得对任务的整体性理解,为后续的学习任务分析打下基础。

表 5-13　行为任务分析访谈提纲样本

序号	访谈问题
1	回忆"***"这一任务的完成过程,思考开始线索、结束线索、任务完成的行为标准和输出成果是什么

（续表）

序号	访谈问题
2	"***"这一任务是个人独立完成还是需要在别人监管下完成
3	回忆您完成"***"这一任务的过程,请把该任务分解为子任务或者操作步骤,并注意呈现步骤之间的顺序和关系
4	请说出该任务与同一职责内的其他任务之间的关联
5	"***"这一任务,对于整个职责的成功有什么重要意义?如果任务延迟完成或者没有按照标准完成,可能会有什么后果
6	完成"***"这一任务,有哪些环境风险和安全禁忌
7	完成"***"这一任务存在哪些困难或者挑战?新手在学习的过程中可能会存在哪些困难
8	如果长期不从事"***"这一任务,是否会遗忘或者导致哪些可能出现的问题
9	能够开发工具来帮助简化"***"这一任务,来减少培训需求,减少遗忘吗
10	企业中的哪些员工是完成该任务的专家

（二）认知任务的识别工具

本书提出,在工作任务分析部分要识别出最需要认知技能的子任务或者步骤,这是后续进行认知任务分析的第一步。然而,在具体的实践操作中,教学设计师或者业务专家并不清楚哪些是需要认知技能的子任务或步骤。因此,我们设计了认知任务的识别工具,如表5-14所示,以帮助实践者进行该环节的操作。

表5-14　认知任务的识别检核

序号	检核问题	答案	备注
1	是决策类任务吗?		
2	是评估类任务吗?		
3	是问题解决类任务吗?		

（续表）

序号	检核问题	答案	备注
4	是故障排除类任务吗?		
5	是制定计划类任务吗?		
6	其他需要认知技能的有挑战的任务?		

我们这里需要识别的认知任务,一般是复杂任务,是那些需要整合应用可控制类知识(意识的、概念的)和自动化知识(无意识的、程序的或者策略性的)来完成的任务,包括做出关键决策、做出直觉判断、解决问题、生成计划和其他使用认知技能的有挑战的任务(Van Merriënboer et al.,2002;Klein & Militello,2001;Hoffman et al.,1998)。

需要注意的是,同一类任务在不同的完成任务的起始条件或起始状态中,面对的挑战和难度不同,任务完成的难度也不同。在识别认知任务时,要特别关注特定场景中的任务。依据李文德(2020)进行组织经验萃取的观点,即新任务、关键任务和痛点任务。其中新任务包括新产品推广策略、新政策执行策略、新技术应用推广、新业务落地等。这些工作推进后,会出现部分区域、部分员工的执行效果好,部分执行差的情况,有必要把优秀做法提炼出来。关键任务包括关键客户开拓、关键流程执行、关键项目落地等任务场景。痛点是难以解决的问题,如关键客户流失、投诉升级处理等。这类问题是日常经营活动中的难点和重点,如何预防这些问题的发生,以及如何解决这些问题对于业务完成很重要。

(三)工作任务分析输出成果

工作任务分析后我们获得了很多信息。如果不将这些信息加以整理形成成果,将难以为后续的学习任务分析提供信息。因此,我们设计了"工作任务分析输出表格",如表5-15所示。该表格把企业知识类型与我们通过访谈获得的任务信息进行了匹配,主要包括任务是什么,如任务开始和结束的线索、任务完成的行为标准和输出成果等信息;为什么完成该任务,如任务的重要性,任务成功和完整地完成对于整个使命的成功有什么重要意义;任务怎么做,包括任务是否独立完成,任务与其他任务的关系,任务完成的步骤等;谁知道的知识,如企业中谁是完成该任务方面的专家。工作任务分析部分较少涉及"任务为什么要这样操作"这样的问题,即为什么的企业知识相对较少。

表 5 - 15　工作任务分析输出表格

企业知识类型	具体说明	输出结果	备注
是什么	任务开始的线索		
	任务结束的线索		
	任务完成的行为标准		
	任务的输出成果		
为什么	任务的重要性,任务成功和完整地完成对于整个使命的成功有什么重要意义		
怎么做	任务是个人独立完成还是需要在别人监管下或合作完成		
	本任务与同一职责内的其他任务的关系		
	任务完成的步骤或包含的子任务		
	任务完成过程中的环境风险和安全禁忌		
	新手完成任务可能存在的困难		
	最需要认知技能的步骤/任务		
	是否能够开发工具帮助来简化任务,进而替代或者减少培训		
	任务延迟完成的可能后果		
	新手学习该任务可能存在的困难		
	如果长期不从事某项任务,是否会遗忘		
谁知道	企业中的该任务的专家		

最后,通过综合分析,我们需要以概念图等形式形成任务模型。我们建

议任务模型要包含任务列表、任务的主要步骤/子任务及关系、任务的操作流程和最需要认知技能的步骤/任务等信息。

（四）工作任务分析阶段的检核表

工作任务分析阶段的结果是任务模型。该模型不仅有助于建立任务之间的联系，也可以获得对整个工作任务的整体认识。然而在实践中，我们发现教学设计师容易出现以下几个操作问题：

专家选取的问题。在迭代中我们发现，很多实践人员有多年的工作经验，然而并不知道经验背后的理论。这样使得教学设计师在进行经验萃取时，只能获得操作经验，却难以获得背后的理论。业务专家的选取是存在风险的，我们很难证明"专家"了解背后的理论、系统概念、系统设计等。有时专家的误解也会导致失败的任务分析结果。如果可以的话，在任务分析时，我们更希望选择实践经验丰富且能够理解经验背后理论或科学的专家。然而，这在实际操作中存在很大的难度，教学设计师需要跟业务部门进一步探讨合作的经验，比如如何发挥退休老专家的作用等。

过度分析的问题。这里的过度分析问题主要包括两个方面：第一是指是否已经分解到培训者不需要教学就能完成的时候；第二指是否分解到细枝末节，破坏了任务的整体性，甚至难以反映真实的任务操作流程。

完整性的问题。完整性是指是否获得了对任务的完整理解，是否遗漏重要的步骤和操作。

简单化的问题。简单化的问题是指是否遗漏"决策制定""反思""推理""整合"等心理任务或认知任务。在任务分析过程中，大多数任务分解会生成越来越多的包含具体行为的具体化的程序步骤。这对高度程序化的操作性任务来说是适用的。然而，思维认知类任务和人际沟通类任务常常包含一些认知技能如问题解决等，教学设计师在进行工作任务分析时需要注意识别。

结合已有研究（Bell et al.，2009），我们设计了工作任务分析阶段的检核表，以帮助教学设计师自我检验工作任务分析是否合格。如表 5-16 所示。

表 5-16　工作任务分析阶段的检核表

维　度	检核说明
专家选取是否合理	不仅是实践经验丰富,而且能够理解经验背后的理论或科学
是否过度分析	是否已经分解到培训者不需要教学就能完成的时候;是否分解到细枝末节,破坏了任务的整体性,甚至难以反映真实的任务操作流程
是否完整	是否获得了对任务的完整理解,是否有遗漏重要的步骤和操作
是否简单化	是否遗漏"决策制定""反思""推理""整合"等认知任务

第三节　培训任务确定

根据绩效思维,培训只是解决绩效问题的其中一个可能方案。因此,工作任务分析之后,我们需要考量哪些任务是必须培训的,而哪些可以采取其他干预措施。只有选定需要培训的任务后,才能进行后续的学习任务分析。"培训任务确定阶段"的操作逻辑如图 5-4 所示。具体的开展流程和相应的支持工具,我们在下文展开说明。

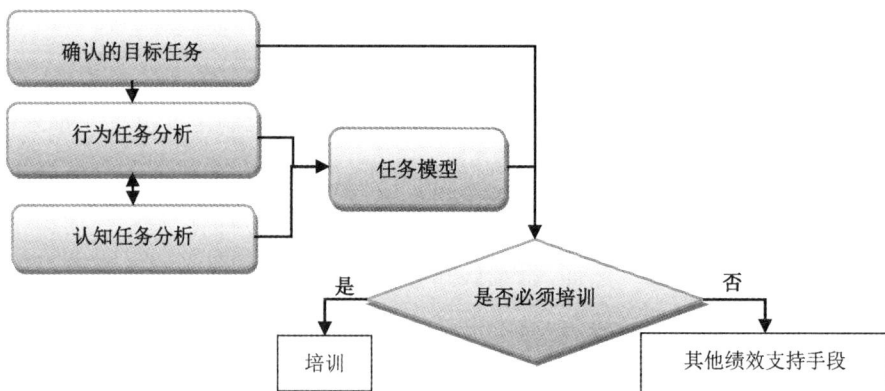

图 5-4　培训任务确定阶段的操作逻辑

一、干预措施的选择过程

本书中,任务分析的目的是,在通过绩效分析已确定有模糊的培训需要后,进一步获得学习者需要学习的知识、技能和态度等内容,最终使学习内容与企业需求相匹配。"目标任务确认阶段"已经进行了绩效分析,确实发现了绩效差距,而且员工存在某些任务完成困难,以至于引发企业绩效问题。与此同时,存在绩效差距的原因也找到了,即员工缺少完成任务必需的知识、技能等。"工作任务分析阶段"已经对涉及的工作岗位有了较为清晰的认识,并建立了工作模型。"培训任务确定阶段"则要根据前面阶段获得的信息,进一步选择干预措施。

需要注意的是,即使通过绩效分析已经确定员工的确缺少完成工作任务必需的知识、技能,我们也不能认定培训就是最适合的干预措施。那如何选择干预措施呢? 根据提姆、莫斯利和迪辛格(Van Tiem et al.,2012)提出的干预措施选择过程,绩效干预措施的选择包括 3 个阶段和 7 个步骤。如图 5 - 5 所示。

图 5 - 5 中,初始阶段在验证绩效分析阶段得到的绩效差距和原因,并将这些差距和成因按照重要程度排序。调研阶段需要识别各种潜在的干预措施,并进行排序。最后的选择阶段选出最佳的干预措施。此外,从图中可以看到,提姆等人更推荐用团队协作的方式完成干预措施的选择。团队成员要包括绩效改进从业者、利益相关者、企业内绩效改进推动者等。本书的读者一般是绩效改进从业者,要能够知道可选的干预措施的范围,选择最可行和可持续发展的干预措施,还要与利益相关者进行有效沟通,确保他们支持推荐的干预措施。

初始阶段在验证完绩效分析阶段得到了绩效差距和原因,其后的关键步骤是找出潜在的干预措施。提姆等人提供了干预措施选择器,如表 5 - 17 所示,可以帮助我们了解有哪些类型的干预措施,也能为干预措施的选择提供参考。需要说明的是,团队需要讨论使用各项干预措施的可能性。

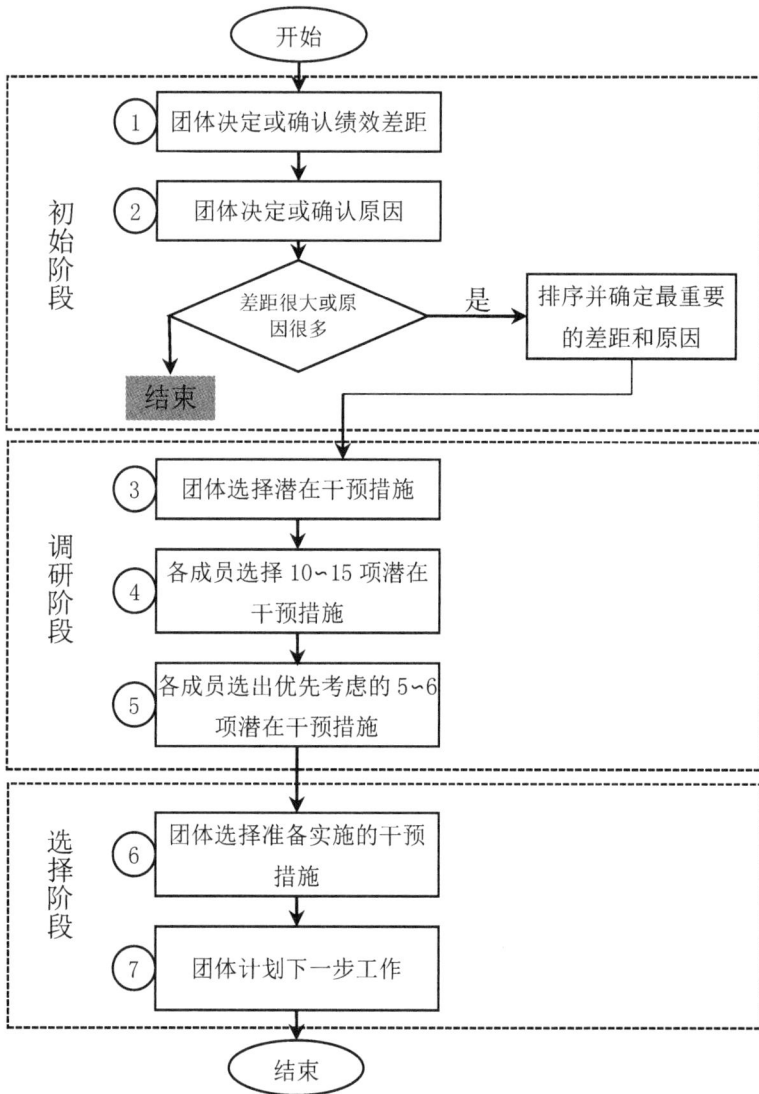

图 5-5　干预措施选择过程（Van Tiem et al.，2012）

表 5-17　干预措施选择器（Van Tiem et al.，2012）

说明：请从以下干预措施中选出最多 10～15 项潜在的干预措施，并将选出的干预措施排出优先顺序。

（续表）

干预措施类别	具体措施	
教育类干预措施	知识管理、组织性学习、学习管理系统、内容管理系统、教育/培训、自主学习、在职学习、及时学习、行动学习、混合式学习、技术和非技术学习、社会学习、互动学习技术、企业学习、课堂学习、远程/分布式学习、在线学习、利用维基和虚拟图像等学习、游戏/模拟	
绩效支持类干预措施	绩效支持工具或工作帮助、电子绩效支持系统、文件编制和标准、专家系统	
个人发展干预措施	反馈、教练、指导、情商、社会智商、文化智商、专业实践社区	
岗位分析/工作设计干预措施	岗位分析	岗位描述、岗位要求
	工作设计	岗位设计、工作扩大化、岗位轮换、工作丰富化、再造/调整/重组
	人力因素	工效学、安全工程、安全管理、绿色工作场所
	质量改进	全面质量管理、持续改进、预防性维护、六西格玛、精益组织
人力资源开发干预措施	人才管理	员工配置、员工发展、员工保留、薪酬/福利、健康与保健、退休规划、劳动关系
	个人发展	动机、绩效管理、关键绩效指标、绩效评估、360度评估、能力、能力测试
	组织发展	继任规划、职业发展通道、领导力发展、高端人才发展、管理能力发展、督导能力发展
组织沟通干预措施	通信网络、信息系统、建议系统、申诉系统、争端解决、社交媒体	
组织设计和发展干预措施	授权	团队策略、虚拟团队、解决问题
	组织前瞻性行为	战略规划、环境扫描、欣赏式探询、外包、标杆管理、平衡积分卡、仪表盘
	组织价值	文化、多样性、包容策略、全球化、本土化、社会责任、道德标准、决策
财务系统干预措施	公开账簿管理、利润与成本中心、财务预测、资本投资与支出、现金流分析、现金流预测、兼并/收购/合资	

在调研阶段个人选择出潜在的干预措施,并进行优先排序后,则进入选择阶段。选择阶段需要团队参与,通过头脑风暴或者多重投票的方式,选出最佳干预措施。

特别需要强调的是,教育类干预措施可以解决员工知识、技能、态度等导致的绩效问题。但正如表5-17所示,教育类干预措施有很多,需要根据组织的实际情况进行选择。此外,我们前面提到,选择干预措施应以结果为导向,并讲求成本—效益。如果引起绩效问题的原因是环境或者动机等,则倾向于选择非教学型干预措施;而如果引起绩效问题的原因是个体知识技能的缺乏,同样应该优先考虑非教学型的干预措施(如工作帮助)是否能够解决问题,最后再考虑较昂贵的培训或者教育等措施。特别是绩效支持类干预措施,一定程度上可以促进或取代学习,相对于培训来说成本更低,也能起到解决绩效问题的目的。

由于干预措施的选择需要考虑多重因素,如培训需求、技术、成本、时间等。参考相关文献,我们整理出了成功选出干预措施的十条建议,具体包括:①在全面了解情况的基础上做出决策;②针对正确的人群、正确的环境,选择正确的时机;③由绩效改进推动者推动干预措施的选择;④团队协作,从公司内部各领域或各部门吸取专业知识;⑤考虑成本—效益;⑥以最重要的事项为出发点,满足全面、优先的要求;⑦广泛调研已有的干预措施方案,因为开发新的干预措施成本比较高;⑧关注长期和短期效益;⑨干预措施应能够可持续发展;⑩关注开发和实施的可行性。还要注意的是,当组织内员工的现有知识、技能、态度与工作要求出现偏差时,绩效改进从业者可以选择一种或多种干预措施,很多时候各种干预措施可以配合使用,而非非此即彼的。

二、培训任务确定支持工具

前面我们大致梳理了干预措施的选择过程,下面是本书设计的培训任务确定阶段可能用到的支持工具。

（一）任务评估问卷

前面我们提出了培训任务确定的基本思路。然而哪些任务必须培训，哪些任务可以选择其他绩效支持手段，很多教学设计实践者并不清楚。有研究者提出可以根据任务的操作频率和任务的重要性等特点来选择培训和绩效支持（Nguyen，2009），如图 5－6 所示。该分类已经在各领域得到了广泛的认可。

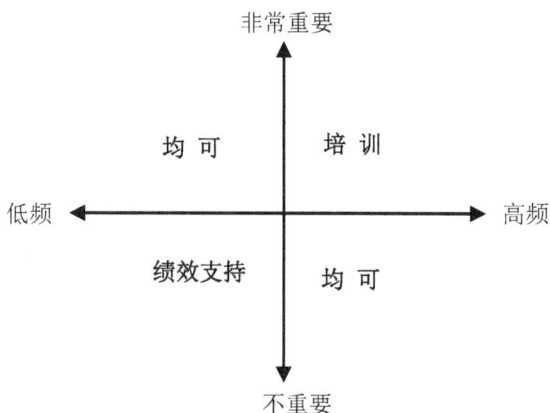

图 5－6　培训和绩效支持选择矩阵（Nguyen，2009）

图 5－6 中，非常重要的且操作频率比较高的任务（注：操作频率高不仅指个人需经常性地操作完成该任务，也指涉及该任务的员工人数也较多）更需要培训。如果任务的使用频率不高且对组织的重要性不大，可以优先选择绩效支持。这时如果选择培训就有些浪费资源。如果任务是高频率但低重要性，或者低频率但高重要性，也可以选择绩效支持。需要说明的是，如果某项任务的操作频率非常高，或者一旦出错可能给企业造成重大损失，一般需要先给员工提供必需的培训或者其他形式的学习，与此同时设计相应的绩效支持作为复习或者提醒，使员工能够在工作情境中参考使用。

根据以上研究，并结合实践操作，本书设计了任务评估问卷（见表 5－18）以获得有关任务的重要性、复杂性、学习困难性等方面的信息，进而帮助实践者对任务进行评估,最终确定哪些任务必须培训,而哪些任务可以选择其他的绩效支持手段。任务评估问卷可以较为客观地收集和统计信息,进而减少培训任务选择的随意性。参与问卷调查的对象包括:完成对应工作的专家员工和目标员工的直属领导等。

表 5 - 18　任务评估问卷

问卷调查说明:本问卷调查的目的是为了获得员工工作任务的频率、重要性、复杂性和学习困难性等方面的信息,为培训任务的选择提供信息。
问卷填写说明:本问卷共包括五类问题,工作任务的频率、重要性、复杂性和学习困难性等四类问题,评分者需要根据问题对目标任务列表中的各个任务进行评分,频率包括低、中和高三等,而重要性、复杂性和学习困难性采用里克特量表的五级评分,从低到高分别对应 1 到 5 五级。最后的"除培训外的其他推荐方法"希望了解除了培训外,是否还有其他方法来帮助员工完成该项工作任务。

	频率	重要性	复杂性	学习困难性	除培训外的其他推荐方法
任务 1	低 中 高	1 2 3 4 5	1 2 3 4 5	1 2 3 4 5	
任务 2					
任务 3					
…					

表 5 - 18 中,除了任务的重要性和频率等方面的信息外,本书还加入了任务的复杂性、学习困难性以及除培训外的其他推荐方法三个维度。本书期望通过任务的复杂性和学习困难性信息,为后续的培训的重难点提供参考,而除培训外的其他推荐方法可以为绩效支持的设计提供灵感。

(二)任务重要性和复杂性的评判标准

在完成培训任务的选择环节时,教学设计师需要使用量表获得个人任务的频率、重要性、复杂性和学习困难性等方面的信息,进而选择频率高、重要且复杂的任务进行培训。然而,在实践中,业务专家常常由于缺乏相应的标准,难以判断任务的重要性和复杂性。因此,我们设计了任务重要性和复杂性的衡量标准。该标准是通用的,与行业或专业无关。

一般来说,企业认为的重要性是指任务失败的后果或者给企业带来的损失。任务的复杂性可以从两个方面来衡量:花费的时间或精力和工作对员工技术等级或技能的要求等。此外,有研究者提出用以下 6 个任务特性来界定某工作的复杂性:变化性、自主性、责任、所需知识及技能、所需的社会交往、可选择的社会交往(Turner & Lawrence,1965)。综合已有研究,我们提出了任务重要性和复杂性的评判标准,如表 5 - 19 所示。

表 5 - 19　任务重要性和复杂性的评判标准

任务重要性	任务复杂性			
责任	所需知识技能	所需社会交往	变化性	自主性

从表 5 - 19 来看,任务重要性主要根据任务的责任来衡量,即一个任务是否重要,要看是否责任重大,一旦出现问题,是否将给企业造成严重的后果。而任务复杂性的衡量标准包括所需知识技能、所需社会交往、变化性和自主性四个维度,四个维度综合权衡来估计任务是否复杂。

(三) 培训任务选择参考表

根据任务评估问卷,我们能够获得一些关于任务的信息,但具体哪些任务适合培训,而哪些任务不适合培训,还需要实践者自己斟酌。为了方便实践操作和减少实践者的操作困难,更大程度地降低培训任务选择的随意性,本书在已有研究的基础上,设计培训任务选择参考表(见表 5 - 20),供实践者参考。

表 5 - 20　培训任务选择参考表

	适合培训的任务	不适合培训的任务
重要性	中等偏高重要性等级任务	低重要性评级的任务
	完成某些关键任务必需的先前任务	与其他任务无关联性
复杂性	中等偏高难度等级的任务	低难度评级的任务
	有较高的出错率的任务,任务是决策过程的一部分	仅需要员工已经具备的技能和知识的任务或可通过实际工作很容易学会的任务
频率	频繁执行的任务或大部分员工需要完成的任务	很少执行的任务或只有很少一部分员工需要完成的任务
危险性	有严重的人员安全隐患的任务	可以在工作中很快学会且没有安全问题的任务
	有重大财务安全隐患的任务	
资质	由于许可或认证要求而需要培训的任务	无许可或认证要求
信用度	查看绩效支持系统会影响外界对企业员工的信用度的任务(如医生看病)	无信用度影响
工作任务流畅度	查看绩效支持系统会影响企业员工的工作任务流畅度,对企业造成不良影响	查看绩效支持系统不影响工作任务流畅度或工作任务流程度不会对企业造成不良影响
环境限制	时间、资源和物理环境限制无法在工作中查看绩效支持系统	无时间、资源和物理环境限制

表 5 - 20 中,除了任务的重要性和频率等因素,我们结合已有研究成果,把其他影响因素也考虑了进来,包括任务的复杂性、变化性、危险性、完成任务所必须遵循的规则、所处的物理环境与社会环境、工作环境或工作者所处的社会环境、任务完成时间或资源的限制等。需要特别强调的是,绩效支持和培训并不是互斥的,很多时候需要配合使用,一方面,绩效支持手段可以

在一定程度上减轻培训的数量，也能作为培训的巩固复习手段，更好地保证培训的效果；另一方面，一些绩效支持手段的使用也需要培训。教学设计实践者在具体操作时要考虑企业情境，尽可能低成本高效率地解决绩效问题。

（四）培训任务确定阶段的输出成果

确定需要培训的任务后，培训任务确定阶段还需要进一步访谈专家，比如"新手容易出错的地方有哪些"等问题，了解培训的重点和难点，为任务分析的结果可用性提供保障。最终培训任务确定阶段的输出成果，如表 5 - 21 所示。

表 5 - 21　培训任务确定阶段的输出成果

序号	确定的培训任务	培训的重点	培训的难点	备注
1				
2				
...				

第四节　学习任务分析

在确定完要培训的任务后，我们将继续进行学习任务分析。在工作任务分析得到的任务模型的基础上，学习任务分析需要进一步进行知识析出，包括进一步识别子任务/步骤，进一步识别任务背后的技能，以及进一步识别任务/技能背后的知识，最终形成任务知识结构模型，即知识的表征。学习任务分析的操作逻辑，如图 5 - 7 所示。具体的开展流程和相应的支持工具，我们在下文一一展开。

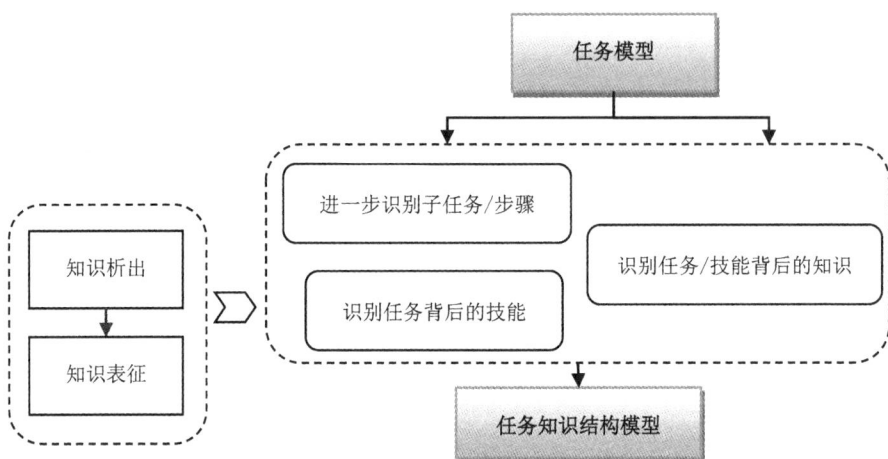

图 5‑7　学习任务分析的操作逻辑

一、学习任务分析整体流程

前面我们提到,本书中的"学习任务分析"分析出完成某一任务所必需的学习成分,即在工作任务分析等的基础上最终确定教学内容。培训教学内容只能是显性化的知识,对于显性化的知识在构成培训内容时需要进行汇总组合,而隐性知识则需要通过外部明示来实现隐性知识的显性化。显性知识的汇总组合主要是事实、程序、概念和原理四种类型知识的析出与表征,而隐性知识的外部显示则较多涉及技能相关的经验。事实、程序、概念和原理四种类型的知识析出与表征方法在相关的教学设计研究成果中已有较多呈现。本书的学习任务分析中,分析和获得隐性的技能和经验是重点和难点。

事实上,大多数技能型活动是显性的,小部分是隐性的。这些隐性的技能和经验大多需要根据情况作出具体的计划、运用某种策略作出决定、灵活地执行任务等,属于"产生性技能"(productive skills),而不是重复性的,在各种不同的情境中的运用很少有大的变化的"再生性技能"(reproductive skills)。关于技能结构的分类办法如表 5－22 所示。

表 5－22　技能的四种类别(**Romiszowski,1999**)

	再生性技能	产生性技能
认知技能	对一个已知的问题类型应用某种已知的程序,如减法、造句	解决"新的"问题,"发现"一种新的程序。如证明定理、创意写作
心理动作技能	感知—动作技能,重复性或自动化的动作。如打字、快跑等	"策略"技能或"计划"技能,艺术创作和手艺。如页面设计、踢足球
反应技能	条件反射型习惯和态度。如"注意、反应和价值化"(布鲁姆的分类)	"个人控制"技能,发展一种"心理定势"或"价值系统"(布鲁姆),"自我实现"(罗杰斯)
交互技能	社交习惯,条件反射型反应。如良好的仪表风度,谈吐优雅等	"人际控制"技能。如领导、督促、说服、讨论推销等

　　根据本书提出的学习任务分析的操作逻辑,学习任务分析阶段要同时挖掘任务的操作流程、完成任务所需的实践技能和支撑知识。因此,本书提出的学习任务分析的操作流程分别从三个方面建立了学习任务分析的操作流程,如表 5－23 所示。

表 5－23　学习任务分析的操作流程

1. 进一步识别任务和子任务
(1)分析任务手册或者任务说明书
(2)在访谈中询问操作人员是如何完成工作的,使用大声报告法或者回忆重新完成行为,列出和任务相关的各种行为,并排序
(3)建构任务操作的流程图和关系图
2. 识别某项具体任务或者子任务所需的各方面的专业技能和经验

（续表）

　　这里不仅仅是找出任务的各个成分，而是试图找出任务所需的各种技能的本质、所需的具体活动、用到的策略等。

(1)操作人员回顾并描述他们的行为，使用录像记录下他们的行为，在重放录像时，让操作人员描述采取的何种行动、所需的技能等，然后询问具体案例中当时的假设和决定，采取的策略和决策过程；最后访谈新手会出现的问题

(2)设计模拟情境，进行模拟访谈。模拟情境的真实性程度并不重要，关键是设计的情境要具有挑战性。暴露在模拟情境中，要向业务专家提出问题，以明确主要事件（或者活动），包括决策点，决策过程等。提出的问题包括"在这种情形下，你要怎么想和怎么做？"

3. 识别技能背后的知识

　　在达成技能的过程中，需要一些事实性和原理性的知识作为支撑。这里需要进一步识别出相应的是什么的知识和为什么的知识。

　　访谈操作人员为了完成某一个操作或者学会某一个技能，所需要了解的基础知识，如为什么这样操作，怎样才能学会这些操作，以及操作背后的原理如何解释

4. 建构任务知识结构模型

(1)建立各目标的层次结构（目标结构不一定是行为操作顺序）

(2)描述完成底层子目标所需的程序步骤

(3)统筹综合以上三个步骤中产生的信息，建立认知需求表（包括认知难点、难点产生的原因、常见错误、专家用到的策略、所需的技能、支撑知识）

(4)把认知需求表与工作任务分析部分获得的任务模型建立联系，形成任务知识结构模型

5. 和技术娴熟的操作人员交流、验证或者修改任务知识结构模型

　　表5-23中的学习任务分析的操作流程主要包括以下步骤：首先，进一步识别任务和子任务，形成完善的任务操作流程图，作为工作任务分析部分的补充；其次，综合采用过程追踪技术和模拟情境技术了解专家在工作情境中采取的行动、操作的策略、做出的决策、所需的经验技能以及新手可能出

现的问题,该部分主要采用认知任务分析方法获得专家的认知过程和宝贵经验;再次,在第二步的基础上,进一步识别操作、经验或技能所需的"是什么"和"为什么"的知识,为员工的学习和反思提供基础知识;最后,综合以上三个方面的信息形成认知需求表,建立任务与认知需求表的关系,形成任务知识结构模型,并修正和完善该模型。需要说明的是,"2.识别某项具体任务或者子任务所需的各方面的专业技能和经验"是特别针对隐性知识显性化,即关注情境性的、变化性的"产生性技能"而设计的环节。

该流程一方面应用了认知任务分析方法,另一方面整合了当前企业培训中比较提倡的组织经验萃取方法,即把企业内部的传承(如案例、组织经验)萃取出来,形成通用的理论或者具体的成功案例等宝贵的学习内容。这些内容是具有企业特征的概括性的知识、技能和经验,更贴合员工的工作实际,能够激发员工的学习兴趣,也很好地弥补了以往任务分析对隐性知识显性化的缺失。

在学习任务分析的操作流程中,关键点是如何找专家。一般建议由业务管理者和负责绩效评估的人力资源部同事负责选择专家。由于业务管理者与专家长期一起工作,更了解专家情况,因此,尤其要重视业务管理者的建议。依据李文德(2020)进行组织经验萃取的观点,专家的选择标准包括:

第一,业绩稳定、优秀、自食其力。这里的优秀专家在数量指标(如产量、销量、服务人数、收入等)、质量指标(如一次合格率、优秀率、满意度、忠诚度等)、成本指标(如原料、资金、人员投入的降低程度)和/或时效指标(如完成任务的时间限制或时间降低程度等)方面有过人之处。

第二,2/3是在目标任务或岗位上任职的专家,1/3是从该岗位被提拔为直接领导的人。岗位上任职的专家不仅具有过去的经验,也有应对当下挑战的经验。从岗位提拔为直接领导的人不仅业绩优秀,同时还承担管理和辅导工作,对业务有更深入的理解和思考。

第三,每个主题或任务下包含6~9个专家。只有基于多个专家经验,才能萃取出系统化、可复制的方法。

第四，专家要具备建设性沟通方式，而不是批判性沟通方式，而且态度积极、愿意分享。这样才能进行访谈交流。

此外，在学习任务分析的操作流程中，如何访谈也非常重要。特别是过程中需要一起观看录像或在模拟情境下访谈，如果让专家能分享出经过深入反思后的有价值的经验需要一些方法。有几个注意事项：第一，建立友好的关系，给予专家充分的尊重；第二，请对方介绍案例情况，判断案例是否有挖掘价值，如是否足够优秀、典型、有挑战；第三，请专家划分案例阶段，并明确主要挑战点；第四，从做法、原因、成效三个维度对比新员工进行挖掘；第五，请专家总结成功或失败的原因，提炼出经验等。

最后，所谓的任务知识结构模型包括认知难点、产生困难的原因、常见错误、用到的策略、所需的技能和支撑知识等。这些内容进一步提炼即专家界定问题和解决问题的系统化方法。"系统"体现在既有流程、步骤、方法、工具、模板，又有分析决策的依据、原理和假设，还包含了完成任务要避免的错误。本书也专门设计了相应的支持工具，具体见下文。

二、学习任务分析支持工具

前面我们大致梳理了学习任务分析的操作流程，下面是本书设计的学习任务分析阶段可能用到的支持工具。

（一）经验、技能和知识识别工具

本书提出的学习任务分析流程试图从经验、技能和知识三个维度获得学习内容。在真实的实践操作中，教学设计实践者往往对工作任务或者操作行为的分析更加熟悉，却很少了解如何分析任务背后的经验、技能和知识。这一点也是以往的任务分析操作缺少关注的地方。因此，这里我们进一步提出了识别经验、技能和知识的工具，以帮助实践者完成学习任务分析。

根据本书提出的学习任务分析流程，在识别某项具体任务或者子任务所需的专业技能和经验部分，我们主要采用了结构化访谈、过程追踪和模拟情境三种技术，来获得专家在工作情境中采取的行动、操作的策略、做出的决策、所需的经验技能以及新手可能出现的问题。为了更好地帮助教学设计实践者在过程追踪过程中进行专家访谈，以获得宝贵的专家经验，在已有研究的基础上，我们提出了技能识别工具（见表 5‐24）。本书希望通过过程追踪来调查某项具体任务或者子任务所需的各方面的专业技能、所用到的策略、新手出现操作困难的原因等等。

表 5‐24　技能识别工具

序号	子任务	所需技能列表	用到的策略	新手可能遇到的困难	备注
1					
2					
3					
...					

此外，在模拟情境时，为了帮助教学设计实践者获得情境性的专家行为和线索，我们在已有研究的基础上，提出了案例识别工具（见表 5‐25）。本书希望通过模拟真实工作情境，探查专家在具体的工作场景下的认知过程，进而获得一般访谈难以获得的信息，如情境评价，情境如何影响了行为，以及在给定情境下新手潜在的错误风险等等。

表 5‐25　案例识别工具

序号	具体事件	情境中的行为	情境评价	决策的关键线索	潜在的可能发生的错误
1					
2					
3					
...					

最后,根据本书提出的学习任务分析操作流程,在识别专家经验和技能后,需要进一步识别出相应的是什么和为什么的支撑知识。因此,我们设计了支撑知识识别工具,如表5-26所示。

表 5-26 支撑知识识别工具

序号	任务	技能/经验	支撑知识(如何更好地学会这些技能或经验)	备注
1				
2				
3				
...				

以上三个工具都是从认知任务分析的角度出发的,其目的是希望从完成任务的人头脑中获取信息。

(二)专家员工与普通员工的对比分析

学习任务阶段,我们主要包括三个方面的工作:进一步识别子任务;识别任务背后的技能或者经验;识别作为支撑的知识(一般是事实和原理类知识)。在实践过程中,我们发现,如果能够对比分析专家员工与普通绩效员工相比在工作做法和思维决策上有哪些差异,可以直接挖掘出导致绩效达成的影响因素和工作行为,能够提供更有针对性的培训,以加速提升普通员工的绩效达成能力。

如一些技能型工作,专家与员工的差异主要体现在技能或经验层面,通过专家员工与普通员工的对比分析,可以了解专家员工和普通员工在哪些地方存在差异,哪些是定量,哪些是变量。一般来说,基本的操作步骤和程序是定量,而变量即新手和老手的区别。我们可以在已经识别出专家解决问题时用到的活动和推理过程后,普通员工再次来解决同样的问题,以识别教学的重点和难点。专家员工与普通员工的对比分析表,如表5-27所示。

表 5-27 专家员工与普通员工的对比分析表

	任务步骤	思维决策点	操作难点	备注
专家员工				
普通员工				

（三）认知需求样表

通过学习任务分析流程和工具，我们可以得到很多信息。为了更好地帮助教学设计实践者从繁多的信息中理出框架和把握重点信息。我们设计了认知需求样表，如表 5-28 所示。

表 5-28 认知需求样表

序号	认知难点	产生困难的原因	常见错误	用到的策略	所需的技能	支撑知识
1						
2						
3						
...						

根据学习任务分析操作流程，在获得认知需求表后，我们还要进一步建立任务知识结构模型，以建立知识技能与任务之间的关联。在这个环节，我们要把相似的知识、技能等进行模块化。如果有很多互不关联的信息，可能这些内容是一些并不需要的无关内容。如果确定这些内容是必需的，则需要把这些内容设法与其他知识内容建立联系。内容模块化的工具方法，这里推荐作为课程计划工具的主题或内容分析方法，包括概念地图、掌握设计图、矩阵分析等。需要说明的是，我们这里不仅仅要把知识技能模块化形成内容模型，还需要建立任务与知识技能模块的关系。

（四）认知任务分析方法扩展

认知任务方法有很多，但大多来源于人机交互领域，只有一些方法可以用来进行教学设计中的任务分析。这里我们介绍几种常用的面向企业培训内容开发的认知任务分析方法，以帮助读者选择性地开展认知任务分析。

1. PARI

PARI(prediction，action，result，interpretation)是为数不多的关注问题解决的认知任务分析方法。PARI 主要用来分析真实情境中的故障排除型问题的解决所需的系统知识、程序性知识和策略性知识。当问题出现时，PARI 尝试去识别问题解决者所采取的每一个行动或者决定、行动的先驱因素或者先决条件、行动的结果以及专家对行为结果的解释。信息的收集主要依靠结构化访谈。在访谈中，专家在真实情况下互相提出问题，以探寻他们解决问题所作出的各种行为背后的原因和假设。此外，还要求专家详细说明他们的问题解决方案，特别要关注他们做出决策时的推理过程。在已经识别出专家解决问题时用到的活动、结果和推理过程后，新手再次来解决同样的问题，以识别教学的重点和难点。PARI 分析的操作步骤(Hall et al.，1995)如表 5 - 29 所示。

表 5 - 29　PARI 分析的操作步骤(Hall et al.，1995)

---

1. 确定参与分析过程的专家

(1)询问管理者，初步确定动手能力强、实践经验丰富的问题解决专家

(2)访谈这些专家，以确定他们呈现技术信息的能力

(3)专家描述系统的组成成分(画出框图，描述系统的各个部分)

(4)专家描述系统各组成成分的相互作用(在框图上进行标注)

(5)专家描述在系统中遇到的典型问题或者错误

(6)专家描述可能影响问题解决的工作场所条件

---

2. 识别复杂的问题结果任务及该任务所需要的认知需求

(1)专家回顾职业调查和职位描述

(2)列出每一个工作任务中的问题解决子任务

(3)评估问题解决任务的频率和复杂程度，以确定任务的认知复杂程度

（续表）

3. 列出一份详尽的需要问题解决行动的和可以作为系统问题实例的问题或者故障清单

(1)专家独立列出故障列表(可能发生的故障)

(2)专家两两结对,互相评价故障列表,排除冗余,并最终针对故障列表达成一致

(3)每对专家一起把故障归类,把需要相似的知识和技能的故障归到一类

(4)两两互评每个分类的表面有效性(发生频率),所需的认知技能和每种问题类型的典型案例

4. 分配问题类型,并设计问题

(1)根据专家对各种问题类型的经验和知识,来分配专家分别完成步骤 3 列出的问题类型

(2)专家可以使用步骤 3 列出的典型问题案例,也可以生成新问题来开发问题描述

✓ 辨别引起当前故障和结果的条件

✓ 开发问题陈述,建立呈现给学习者的最初条件和症状

✓ 提前预估所需的技术文件(测试程序、标准和原理图)

✓ 开发系统的设备模型

(3)确定是否每个问题都锻炼到了重要的认知技能,是否每个问题都是智力挑战,以及是否是好的问题解决方案

(4)生成问题描述,包括工作、任务、设备、问题内容,问题呈现的种类、地点和错误类型,技术文件和问题成分图表

(5)撰写问题陈述,来描述这些情况

5. 预设 PARI 问题解决路径

(1)设计故障的专家生成自己对每个问题的解决方案

(2)问题设计者访谈其他专家,引导专家说出他对呈现的这些症状表现的解释

(3)要求问题解决专家画出问题系统成分图表,描述在问题陈述的情况,系统发生了什么

(4)专家具体说出,他要采取的行动,行动的先决认知因素(假设、目标、理由、行动的推理过程),对行动结果(这些问题告诉了专家什么结果)的解释

（续表）

(5)研究者进行一系列的重新操作来确定 PARI 行为路径的精确性
6. 生成专家解决方案
(1)专家(问题设计者)根据步骤 5 呈现出的问题陈述,向其他专家提出问题。专家 1 要对专家 2 的行动提供结果
(2)问题设计者质疑专家可能不能正常操作的行动
7. 由设定问题的专家检查
(1)专家被要求根据真实情境,来评判已生成的问题代表性
(2)专家根据问题的困难程度对问题排序
(3)专家评估每种认知技能的重要程度(如技能的有用性、学习困难程度、推荐的培训重点)
8. 通过让新手重复过程 5、6,生成新手问题解决方案
9. 独立的、年长的专家检查问题集

2. 任务知识结构法

每个人有不同的角色,每个角色有不同的任务,每个任务有不同的任务知识结构。任务知识结构是为了完成不同任务所需的不同形式知识的表征,是使员工能够完成特定任务的任务知识的复合图像或者是表征(Johnson et al.,1988;Johnson et al.,1995)。具体的辨别任务所需知识的步骤,如表5-30所示。

表 5-30　辨别任务所需的知识的步骤(Johnson et al.,1995)

1. 使用数据收集和知识获取技术,搜集关于任务的信息
(1)在工作情境中观察技能娴熟的操作人员(至少需要 2 个操作者)
✓ 记录他们的行为
✓ 记录他们工作中所用的工具和设备
(2)在工作情境中访谈技能娴熟的操作人员
✓ 操作人员描述他们从事的活动(也包括物件,如他们使用的工具、模型、标志)

（续表）

> ✓ 操作人员展示和大声报告他们的工作活动程序,包括技术活动
>
> ✓ 操作人员回顾并描述他们的行为,使用录像记录下他们的行为,在重放录像时,让操作人员藐视他们的行为、假设和决定
>
> ✓ 记录下某个任务成分在不同任务间使用的频度

(3)重复(1)和(2)知道你完全理解任务

2. 识别任务中的知识成分

(1)使用以下一种或者多种技术识别目标和子目标

> ✓ 在访谈中询问任务的目标和子目标
>
> ✓ 分析任务手册或者任务说明书
>
> ✓ 建构目标和子目标的树形图或者层级关系图
>
> ✓ 通过观察或者大声报告法识别任务的阶段

(2)使用以下一种或者多种技术识别程序性知识

> ✓ 在访谈中询问操作人员是如何完成工作的,还包括完成子任务的策略
>
> ✓ 使用大声报告法或者回忆重新完成行为
>
> ✓ 使用分类卡片,让设计者列出和任务相关的各种行为,并排序

(3)物品—行为匹配

> ✓ 在教学手册中找出行为操作所需的物品
>
> ✓ 让操作人员回忆在完成各项任务时所用到的物品,以及如何使用
>
> ✓ 让操作人员列出在任务中用到的物品,以及如何使用这些物品
>
> ✓ 观察行为,并记下所用的物品

3. 识别任务的有代表性的、中心的和一般特性

(1)对于在 2 中(3)识别出的物品—行为,描述任务的重要性

> ✓ 建立两个分开的列表,一个是关于行为,一个是关于操作者在完成任务时用到的物品
>
> ✓ 记录下行为和物品的频度,并去掉重复项
>
> ✓ 请操作人员按重要性对各项子任务排序
>
> ✓ 通过识别最频繁出现的单词选择一般行为和物品

（续表）

(2)对于 2 中(2)识别出的程序性知识,描述任务的重要性
4. 建构任务模型
(1)建立目标层次结构(目标结构不一定是行为操作顺序)
(2)描述完成底层子目标所需的程序步骤
(3)描述已分析出的行为所需要的物品
5. 和技术娴熟的操作人员交流任务知识结构模型
6. 技术娴熟的操作人员验证或者修改任务知识结构模型

3. 应用认知任务分析法

应用认知任务分析法(Applied Cognitive Task Analysis，ACTA)是可供培训领域实践使用的认知任务分析方法。该方法主要包括四种认知任务分析技术：任务图访谈技术(task diagram interview)、知识审计技术(the knowledge audit)、模拟访谈技术(the simulation interview)和认知需求表技术(cognitive demands table)(Militello & Hutton，1998)。其中任务图访谈技术提供关于任务的宽泛视角,并突出任务中的认知困难部分,为进一步的深度访谈做准备。知识审计技术调查某项具体任务或者子任务所需的各方面的专业技能。一旦某项技能被揭露出来,就需要进一步探查在工作情境中的具体案例,所用到的策略,新手出现操作困难的原因等等。模拟访谈技术,可以让访谈者探查业务专家在具体的工作场景下的认知过程。模拟访谈技术可以通过模拟真实工作情境,进而获得一般访谈难以获得的信息,如情境评价,情境如何影响了行为,以及在给定情境下新手潜在的错误风险等等。认知需求表是统一和综合数据的技术,可以直接应用到具体的项目中。本书设计的学习任务分析支持工具很大程度上参考了这一方法。

应用认知任务分析法的整个过程一般是线性操作的,分为四个步骤：第一步,应用任务图访谈技术请业务专家列出 3～6 个较为宽泛的任务步骤或者子任务。第二步,应用知识审计技术调查某项具体任务或者子任务所需的各方面的专业技能（注：这里不仅仅是找出任务的各个成分，而是试图找出任务所需的各种技能的本质、所需的具体活动，用到的策略等）。一般来说，要先请专家界定主要问题，接着向专家提出一系列问题，包括采取的何种行动，所需的技能等，然后询问具体案例中采取的策略和决策过程；最后访谈新手会出现的问题。该阶段的输出样表如表 5-31 所示。

表 5-31　知识审计阶段输出样表

技能列表	用到的策略	可能遇到的困难

第三步，设计模拟情境进行模拟访谈。模拟情境的真实性程度并不重要，关键是设计的情境要具有挑战性。暴露在模拟情境中，要向业务专家提出问题以明确主要事件（或者活动），包括决策点、决策过程等。提出的问题包括"在这种情形下，你要怎么想和怎么做"，具体如表 5-32 所示。

表 5-32　模拟情境访谈表

事件	行为	评价	关键线索	潜在的错误

最后一步，制作认知需求表。该表统筹综合以上三个步骤中产生的信息，可以帮助教学设计师关注在于项目目标相关的分析内容上，如表 5-33 所示。

表 5-33　认知需求表

认知难点	为什么困难	常见错误	用到的策略

应用认知任务分析法简单易用,然而由于整个过程是线性的,缺少一些综合的和有深度的信息。此外还有一些方法可以用来辅助认知任务分析,如关键事件法或者关键决定法,可以辅助找出关于某任务的重要认知要素(Klein & Thordsen,1988)。

第五节　案例分析与质量控制

前面四节我们分别说明了目标任务确认、工作任务分析、培训任务确定和学习任务分析等阶段的具体开展流程和支持性工具。本节我们将结合具体案例来展示该操作模型的应用情况,并从任务分析的角度提出如何保证企业培训内容开发的质量。

一、综合应用与案例分析

（一）某船舶制造企业"后备设计人才培养"项目背景

根据公司需要,某船舶制造企业的人力资源部门发起了"后备设计人才培养"项目。即,该企业为了更好地保持市场竞争力,需要在公司内部培养后备人才,主要面对工作 2~5 年的青年设计人员,提升其设计能力。培训的对象是设计部门的机装详细设计员,共 19 人。该企业设计部的宗旨是凭借严谨的船型研发能力和完善的详细设计能力,为造船业提供优质服务。

企业的人力资源部门正在完成的是该企业内部详细设计员的培训设计工作。人力资源部门的教学设计师使用本书设计的任务分析模型为后备的详细设计人才提供培训内容。需要说明的是,详细设计即原理设计,直接关乎产品的性能,最终的设计成果是详细设计图纸,是生产设计的上游。该项目团队成员包括该企业机装详细设计员 19 人,人力资源部门成员 5 人,教学设计师 2 人,业务专家 2 人。

（二）项目开展流程

项目开展流程按照本书设计的基于任务分析的企业培训内容开发操作

模型进行。

1. 目标任务确认阶段

目标确认阶段要找到员工存在完成困难，以至于引起企业绩效问题的任务。基本流程是从绩效分析结果出发，锁定目标人群，然后利用岗位说明书了解目标人群各个岗位任务操作的当前状态。即"相当于把工作梳理了一遍，可以找到有培训需求的任务，能锁定几个点"。绩效分析已经确认由于知识技能欠缺导致绩效问题，而且锁定目标人群——该企业机装详细设计员 19 人。因此，目标任务确认阶段从查找目标人群的岗位说明书并获得完整的岗位职责和任务列表开始，随后根据岗位说明书对比目标人群的现状，找出目标人群存在操作困难的任务。

在进入该项目后，教学设计师掌握了基本的岗位信息，如表 5 - 34 所示。

表 5 - 34 岗位基本信息表

需了解的项目	答 案
部门的岗位构成	详细设计员，生产设计员
所在岗位的上下级关系	详细设计员→科室主任
岗位的工作流程	设计策划→设备技术协议签订→图纸设绘→图纸通过客户及专业机构认定→解决生产过程中的技术问题→产品完工图纸设绘
同一个岗位的人数	同一个设计所内，约 15 人左右 不同组之间的设计员的关系
是否有岗位说明书	有
岗位说明书是否能反映现状	基本可以

就岗位说明书的细化而言，我们先找出了企业原有的岗位说明书。然后利用"岗位说明书检核表"对业务专家进行了访谈确认。结果发现，该岗位说明书的编制目的是明确科室内不同岗位人员的分工，避免工作中相互

推诿或责任不清,并不是以培训为目的来编写的岗位说明书。此外,经过了解发现,原岗位说明书是科室主任组织主管级员工一起编写的,虽然符合当前现状,但只是描述了工作职责,没有细分到工作任务,更没有明确工作成果和衡量标准。

因此,教学设计师认为岗位说明书可操作性不强,并请业务专家依据本书提供的"面向培训的岗位说明书样本"进行改写,详细列出了岗位职责、任务、输出成果和合格衡量标准/依据,为后续的目标任务确认打下基础。在改写过程中,教学设计师给业务专家明确了工作任务的特征:任务有一个明确的开始和结束;任务在相对短的时间内执行;通过观察一个任职者,可以做出一个明确的判断,该任务是否已经被执行;每个任务都是独立于其他行动,任务独立于工作流程的任何一个部分;一个任务的执行处于任职者自身的利益;任务语句是一个非常具体的行动的声明。它总有一个动词和一个对象;它可能有限定词。

在该项目中,我们把详细设计员这一岗位分解共得到 6 个职责、130 个任务。其中包括设绘详细设计图纸(64 个任务)、确定配套设备技术状态(50 个任务)、编制施工工艺(4 个任务)、解决问题建造施工过程技术(5 个任务)、处理售后技术问题(2 个任务)和科研、专利工作(5 个任务)。任务看似繁多,专家透露该岗位任务是以项目的形式进行的,主要完成船舶的机装设计,一个设计项目要持续 1~2 年。

岗位说明书改写后,教学设计师认为,"改写后的岗位说明书把任务分解掉,可以清晰地看出每一个任务是什么,衡量标准是什么等等,比原有的岗位说明书更加精准,可操作性更强。"随后使用"任务列表的检核标准"工具,即在任务描述过程中需要注意的整体性、衔接性、独立性和动态性四个标准,教学设计师和业务专家一起对岗位说明书进行了审校。修改后的岗位说明书(部分)如表 5-35 所示。

表 5‑35　修改后的岗位说明书(部分)

岗位目的	设绘详细设计图纸,完成船舶机舱系统的详细设计及设备选型订货,并配合解决整个生产周期过程中的技术问题		
岗位纵向关系:	上级:科室主任　　下级:无		
岗位横向关系 (接口)	研发所进行初步设计→详细设计→生产设计		
岗位职责(共 6 个)	任务列表(共 130 个)	输出成果	合格衡量标准/依据
设绘详细 设计图纸 (64 个任务)	设计策划	设计策划书	策划书格式符合公司要求,策划合理
	梳理技术规格书要点	技术要点清单	清单清晰、准确,无遗漏
	与客户沟通澄清技术规格书中模糊项	技术澄清项清单	技术状态无模糊项
	根据技术规格书,编制轴系强度计算书	轴系强度计算书	计算书正确无误
	根据技术规格书,编制机械设备计算书	机械设备计算书	计算书正确无误
	根据技术规格书,编制蒸汽消耗计算书	蒸汽消耗计算书	计算书正确无误
	根据技术规格书,编制机舱设备容量计算书	机舱设备容量计算书	计算书正确无误
	根据技术规格书,编制水浸计算书	水浸计算书	计算书正确无误
	根据技术规格书,编制推进轴系校中计算书	推进轴系校中计算书	计算书正确无误
	根据技术规格书,编制海水消防计算书	海水消防计算书	计算书正确无误
	根据技术规格书,编制生活污水系统最大排放率计算书	生活污水系统最大排放率计算书	计算书正确无误

（续表）

根据技术规格书,编制轴系扭振计算书	轴系扭振计算书	计算书正确无误
根据技术规格书,编制轴系横振纵振计算书	轴系横振纵振计算书	计算书正确无误
设绘详细设计图纸(约50份,如机舱布置图,轴系布置图,消防控制站布置图,机舱水雾系统图,燃油输送系统图,主机滑油输送系统图,主机安装图等)	详细设计图	图纸规范,符合技术规格书要求,并通过客户及第三方机构认可
根据产品完工实际情况,设绘产品完工图纸	完工图	图纸符合实际产品状态

随后,教学设计实践人员请19位学员以及这些员工的直属领导填写了"目标任务确认问卷",一方面帮助确认岗位说明书中的工作任务的正确性、完备性;另一方面获得任务是否存在操作困难等方面的信息。

经过问卷统计调查,确定了11个学员觉得有困难的任务,包括:根据技术规格书,编制轴系强度计算书;根据技术规格书,编制机械设备计算书;根据技术规格书,编制轴系扭振计算书;设绘详细设计图纸——机舱布置图;设绘详细设计图纸——主机滑油输送系统;设绘详细设计图纸——主机安装图;确定主机的技术状态;确定主发电机的技术状况;确定空压机的技术状态;根据客户要求,优化设计;参与公司新工艺推广研究。

以"根据技术规格书,编制轴系强度计算书"为例,学员反映存在的操作困难包括:根据规范公式计算出基本轴径后,缺乏依据计算值得出设计值的经验;根据规范公式计算出法兰圆角半径后,缺乏依据计算值得出设计值的经验;根据规范公式计算出螺栓直径后,缺乏依据计算值得出设计值的经验;缺乏确定轴系法兰直径及联轴螺栓孔中心圆半径的经验。至此锁定了11个影响员工绩效的目标任务,并初步了解了员工存在的操作困难。

完成整个目标任务确认流程后,教学设计师反馈说,"我们以往的培训需要个人上报,一般比较主观,这里提供了一个评价的工具,员工根据岗位职责任务和衡量标准,更容易发现自己的弱点,也更加客观。"

2. 工作任务分析阶段

工作任务分析阶段主要包括两项工作:第一,通过专家访谈获得任务开始线索、结束线索、任务完成的行为标准、输出成果、子任务或者操作步骤、步骤之间的顺序和关系等;第二,获得最需要认知技能的子任务或步骤。

我们以"设绘详细设计图纸"这一岗位职责下的"根据技术规格书,编制轴系强度计算书"任务为例,本部分的访谈提纲如表 5-36 所示。

表 5-36　访谈提纲

---

1. 回忆"根据技术规格书,编制轴系强度计算书"这一任务的完成过程,思考开始线索、结束线索、任务完成的行为标准和输出成果是什么

2. "根据技术规格书,编制轴系强度计算书"这一任务是个人独立完成还是需要在别人监管下完成

3. 回忆您完成"根据技术规格书,编制轴系强度计算书"这一任务的过程,请把该任务分解为子任务或者操作步骤,并注意呈现步骤之间的顺序和关系

4. 请说出该任务与"设绘详细设计图纸"这一职责内的其他任务之间的关联

5. "根据技术规格书,编制轴系强度计算书"这一任务,对于整个职责的成功有什么重要意义? 如果任务延迟完成或者没有按照标准完成,可能会有什么后果

6. 完成"根据技术规格书,编制轴系强度计算书"这一任务有哪些环境风险和安全禁忌

7. 完成"根据技术规格书,编制轴系强度计算书"这一任务存在哪些困难或者挑战? 新手在学习的过程中可能会存在哪些困难

8. 如果长期不从事"根据技术规格书,编制轴系强度计算书"这一任务,是否会遗忘或者导致哪些可能出现的问题

9. 能够开发工具来帮助简化"根据技术规格书,编制轴系强度计算书"这一任务,来减少培训需求,减少遗忘吗

对于认知任务的识别,由于业务专家并不清楚哪些是需要认知技能的子任务或步骤。因此,根据本书提供的"认知任务的识别工具",我们仔细询问专家哪些任务是需要"决策制定""反思""推理""整合"等。

最后,我们依据"工作任务分析阶段的检核表"与业务专家一起核查任务分析过程,有哪些问题,包括是否过度分析,如停止分解过程直到行为已经达到培训者不需要教学就能完成的时候;是否完整,如是否选择了实践经验丰富的操作者,而且能够理解真实世界里的任务和系统背后的理论或科学的专家;是否简单化,如是否遗漏认知任务等。最后得到表 5 - 37。

表 5 - 37　工作任务分析结果

任　务	子任务	步　骤	最需要认知技能的步骤/任务
根据技术规格书,编制轴系强度计算书	查询主机型号参数	无	无
	查询船级社规范	无	无
	计算螺旋桨轴轴径	1. 输入主机功率、转速 2. 选取修正系数 3. 选取材料类型 4. 输入材料物理量 5. 计算出理论值 6. 根据理论值设计轴径	根据理论值设计轴径
	计算中间轴轴径	1. 输入主机功率,转速 2. 选取修正系数 3. 选取材料类型 4. 输入材料物理量 5. 计算出理论值 6. 根据理论值设计轴径	根据理论值设计轴径

（续表）

任　　务	子任务	步　　骤	最需要认知技能的步骤/任务
	确定轴系法兰半径及螺栓孔中心圆半径	1. 查询设计手册推荐法兰半径及螺栓孔中心圆半径 2. 根据推荐值设计法兰半径及螺栓孔中心圆半径	根据推荐值设计法兰半径及螺栓孔中心圆半径
	计算联轴螺栓直径,确定联轴栓数量	1. 根据经验确定联轴螺栓数量 2. 输入主机功率,额定转速参数及螺栓数量计算螺栓直径 3. 根据理论计算值设计螺栓的直径	根据理论计算值设计螺栓的直径
	计算轴系法兰过渡圆角半径	1. 输入中间轴及螺旋桨轴设计轴径 2. 根据船级社公式计算理论法兰过渡圆角半径 3. 根据理论计算值设计法兰过渡圆角半径	根据理论计算值设计法兰过渡圆角半径
	计算联轴法兰厚度	1. 输入中间轴计算值/螺旋桨轴设计值/螺栓直径 2. 根据理论计算设计法兰厚度	根据理论计算设计法兰厚度
	计算艉管后轴承长度	1. 输入螺旋桨轴计算值/螺旋桨轴设计值 2. 根据理论计算设计艉管后轴承长度	根据理论计算设计艉管后轴承长度

　　这里要提醒一下,工作任务分析不宜太过深入复杂,重点是了解整个工作任务的输入、输出条件以及操作过程,获得对该工作的整体认识,而最需要认知技能的任务的识别有助于后续的学习任务分析中的"经验萃取"。在实际操作中,业务专家也提出"任务分解过细会导致有些步骤是重复的"。

举例来说,计算螺旋桨轴轴径的步骤包括:①输入主机功率、转速;②选取修正系数;③选取材料类型;④输入材料物理量;⑤计算出理论值;⑥根据理论值设计轴径。同样地,计算中间轴轴径的步骤包括:①输入主机功率,转速;②选取修正系数;③选取材料类型;④输入材料物理量;⑤计算出理论值;⑥根据理论值设计轴径。实际上两个子任务的步骤是一样的,但为了保证步骤的完整性,就需要把重复的步骤也写出来。"从我们的理解是很简单的一件事,一再分解,就把很简单的事情分解得很琐碎,反而把简单的事情搞复杂了,分解太细反而不是真实的操作过程。"

此外,业务专家提出"不是每个任务都可以详细分解成步骤",并不是说这些任务很简单以至于没必要分解,而是"没办法分解"。以"审核主机厂商提供的设备技术协议"任务为例,该任务主要根据技术协议和技术要求,审查厂商提供的技术状态是否符合技术要求。说起来很简单,但很多没有经验的员工却审核不出来,主要原因是"主机是船的一个发动机,跟它相关联的有燃油系统、滑油系统等,如果没有这些方面的知识做支撑,就很难审核出问题,这是最需要经验的"。

教学设计师反馈说,工作任务分析获得的子任务和步骤可以帮助分解获得专家的工作流程,梳理思路。最需要认知技能的子任务或者步骤其实都是任务的重点和难点,也是"员工反应存在困难最多的地方"。由此可见,行为任务分析获得的子任务或步骤,可以帮助专家梳理工作流程,从而更容易得出最需要认知技能的子任务和步骤。

3. 培训任务确认阶段

培训任务确认阶段的目的是找出哪些需要培训的任务。需要注意的是,培训只是干预措施的一种,并不是所有的任务都需要培训,如果能够采取其他的绩效支持手段来解决绩效问题,可以大大降低成本。

在这一阶段,我们首先让专家填写"任务评估问卷"。专家根据该问卷为我们提供一些关于各个任务的频率、重要性、复杂性和学习困难性等信息。我们根据这些信息来确定必须培训的任务。最终,我们从 11 个工作任务分析的任务中,筛选得到了 4 个最需要进行培训的任务,剩下的 7 个任务则可以选择其他绩效支持手段辅助培训。

最需要培训的任务包括:根据技术规格书,编制轴系强度计算书;根据技术规格书,编制轴系扭振计算书;设绘详细设计图纸——机舱布置图;确定主机的技术状态。如"根据技术规格书,编制计算书"这一任务,是设计的源头,是后续所有工作的输入,后续的工作都要根据计算书而进行,是很重要的。与此同时,该任务由于有大量的经验成分而更加复杂,新手和有丰富经验的专家的操作结果会差别很大。"一般来说,新手的设计会很保守,比如专家认为选一个 50 瓦的灯泡就可以满足使用要求,但新手可能会选 100 瓦,这样就会增加公司成本,正因为中间有大量的经验在里面,对知识技能的要求很高。"业务专家反馈到,员工完成该任务主要的困难是需要大量的经验积累。"经验不多的员工非常需要专家的指导,但很难有专家指导,大多数员工只能根据自己做的项目,不断积累经验,而经验积累的速度很慢,可能导致经验积累的速度不能满足项目开展的需求。员工迫切希望找到快速高效的提升方法。"

随后,我们要求专家写出这 4 个最需要进行培训的任务的培训重点和难点,如表 5 - 38 所示。

表 5 - 38　培训任务重难点

职责	培训任务	培训的重点	培训的难点
设绘详细设计图纸	根据技术规格书,编制轴系强度计算书	(1)船级社规范中对轴系强度计算的要求 (2)基本轴径的设计方法 (3)联轴法兰过渡圆角及法兰螺栓孔中心圆直径的设计方法 (4)轴系校中计算及扭振计算初步估算方法	(1)设计方法中有大量的设计经验,涉及经验的方面难以用系统的科学知识解释 (2)轴系校中和扭振的初步估算需完善的工程力学及振动学知识,详细设计员工普遍缺乏工程力学和振动学方面系统的知识,培训工作量大

（续表）

职责	培训任务	培训的重点	培训的难点
	根据技术规格书，编制轴系扭振计算书	(1)扭振计算软件的操作方法 (2)振动学方面知识 (3)常用减振避振方法	(1)振动学知识非常系统，如系统的进行培训，工作量较大 (2)扭振计算软件需要进行多次实际操作培训，传统的授课培训难以取得理想的效果
	设绘详细设计图纸——机舱布置图	(1)主要舱室布置要点 (2)主要设备布置要点	(1)机舱布置图涉及的面较杂，知识点散，难以系统的梳理 (2)机舱设备的布置涉及大量的经验，难以系统科学的归纳
确定配套设备技术状态	确定主机的技术状态	(1)主机各系统工作原理 (2)主机安装调试要点 (3)近年规范更新要点	(1)不同专利商的主机技术状态差异大，难以编制通用的培训材料 (2)近年来，规范公约更新点较多，有些新的技术并没有实际应用的经验，难以掌握真实的技术状态

　　培训任务的选择这个环节非常重要，需要结合公司的实际。如有业务专家提道："因为我们企业在慢慢降低对每一个岗位的知识技能要求，使每一个岗位都傻瓜化操作，即使一个新人上岗，也能很快适应岗位，尽量通过软件、各种支持工具，降低每一个岗位所需的知识技能是我们发展的一个方向。"公司管理者也提到，"岗位所需的知识技能越低，公司的成本越低，对人的依赖性越小，所以很多经验类的东西，是只能通过时间的积累，才能获取的技能。这样对人的依赖性就很高，如果都形成技术手册或者操作要点，新手看看也就学会了。"有的教学设计师还提到，有些任务仍然需要培训，"经验、注意事项和技术要点可以告诉员工怎么做，但员工并不明白你为什么"，员工希望在模仿的基础上，结合练习和支撑知识，通过练习反思形成自己的东西。

4. 学习任务分析阶段

知识和经验都是企业培训的重要内容。业务专家证实了这一观点。他们提到,经验靠传统的学科知识是学不到的,学科知识主要学习基本的概念、理论和公式等。但实际操作中,需要把学科知识中的公式实用化,做一些简化,并添加一些补充条件,这就需要实践经验。但学科的知识仍然是非常重要的,解决实际问题之后,你要回归学科知识来解释,为什么会出现这样的问题。如果没有学科知识做支撑,实践操作中的很多东西会无法理解。但业务专家和企业管理者都强调说,基础知识的学习是学校的任务,如果员工没学好,可以放在网上让员工自学,"我们有内部的网络共享盘,里面有很多电子教材",基础知识可以回顾一下,但不是重点。由此可见,从专家那里获得的经验是核心,是可供新手模仿的行为步骤,而其他的学科主题知识或者基础知识是经验的辅助或者支撑。

学习任务分析部分,我们提供了认知任务分析的方法和工具,来帮助萃取专家经验。其中包括专家用到的策略(小窍门),新手可能遇到的困难和经验。这里学习任务分析的起点是工作任务分析阶段得到的"最需要认知技能"的任务,通过经验萃取获得整合情境形式的学习内容。在实践中,教学设计实践人员认为这一点是很重要的,"在企业,一般不需要原理性的知识,知道怎么做更重要。我们设计部还关注原理多一些,下游的生产部门更是如此,只需要知道怎么做,很少关心为什么。"

由于本项目的设计学科特性,经验占据了很大的比重。业务专家提到,他们一般由学科知识得出一个理论数值,然后再根据经验进行合理化。学科知识得到的数值是正确的,但不一定是合理的,通过公式算出来的数值和在实践中怎么用是不一样的,要通过经验选取一个数值既实际又方便生产。以项目中的"根据技术规格书,编制轴系强度计算书"这一任务为例,我们获得了非常宝贵的专家经验。

例如:船的螺旋桨之所以会转是因为螺旋桨和发动机之间有一根轴,这根轴把螺旋桨和发动机连在一起,发动机在运转的时候通过轴传动,并传递功率,使螺旋桨旋转,螺旋桨推动水,水的反作用力推动船前行。在学术上,这个轴的直径会有一个计算公式,我们可以得出一个数值,比如 495.6,但是在实际取值的时候,我们可能会取 500 或 510,这个就是靠经验。因为 495.6 是满足轴强度的最低要求,这个最低要求实际上已经乘上了安全系数,理论上讲选 495.6 也是对的,但为了使设计更加保险,也算是保守设计,我们会在这个数值取整的基础上再加上一个数。因为轴比较特殊,比如我们选了 510 以后,还要经过一个软件算它的振动,即在运转的时候,它的振动情况是怎样的,如果算下来振动情况不好,这个直径还要再修改。不但强度要满足要求,振动也要满足要求,还有轴承的压力等都要满足要求。有一个优化方向,根据优化方向修改。尽量最后得出的数是个整数。

其中的专家经验包括:①尽量取整,便于记忆,也便于加工;②在满足强度要求的前提下,尽量小,越小越便于安装,也越省材料,越节约成本。从签了合同后,客户付的钱是固定的,我们就需要在满足客户要求的前提下,尽量节省成本。③既要满足振动的要求,也要满足轴承压力的要求。专家提到,"外面的设备厂会负责计算振动和轴承压力,但反复修正计算花费时间多,会大大增加时间成本,影响项目进度,所以我们要依据经验尽可能一次通过。"

在这一环节的操作上,我们根据行为任务分析获得的步骤顺序或者子任务,进一步进行认知任务分析。认知任务分析主要获得完成任务所需的认知成分,分析过程如表 5-39 所示。

第一,调查某项具体任务或者子任务所需的各方面的专业技能。这里不仅仅是找出任务的各个成分,而是试图找出任务所需的各种技能的本质、所需的具体活动,用到的策略等。首先请专家需要界定主要问题,接着向专家提出一系列问题,包括采取的何种行动,所需的技能等,然后询问具体案例中采取的策略和决策过程,最后访谈新手会出现的问题。

表 5 - 39　认知任务分析过程

	采取的行动	技能列表	用到的策略	可能遇到的困难
根据理论值设计轴径	将计算值取整 参考历史数据 初选轴径 初步计算轴系校中及扭振计算书校核,若校中计算发现艉管后轴承比压>0.8MPa,或者艉管前轴承比压大于1.2MPa,或者中间轴承比压大于1.0MPa,则应修正设计轴径;若扭振计算结果显示,主机转速禁区在常用工况内,或者轴系上的工作应力超出许可值,则应考虑修正设计轴径 根据校核情况修正	掌握校中计算软件 扭振计算软件的操作	如果校中校核时发现艉管后轴承比压大于0.8MPa 时,可以通过加长其轴颈处的长度,也可以加大轴颈的直径。两者中间优先选择加大轴颈的直径。 对于冰区加强及超大型集装箱船,扭振计算校核时不能存在转速禁区	初选轴径时,不能选出最接近最优轴径值,后期要反复修正多次;不用应用轴系校中计算软件;不会应用扭振计算软件;不熟悉规范,公约要求,可能会忽略某些细节要求

第二,设计模拟情境,进行模拟访谈。模拟情境的真实性程度并不重要,关键是设计的情境要具有挑战性。暴露在模拟情境中,要向业务专家提出问题,以明确主要事件(或者活动),包括决策点、决策过程等。提出的问题包括"在这种情形下,你要怎么想和怎么做"等。

例如:在轴系计算书初稿编制完成后,通过校中计算软件校核时发现,艉管后轴承所承受的比压超过了 0.8MPa。这时有三种处理思路:第一,加长螺旋桨轴艉管后轴承处的轴颈,艉管后轴承也相应加长;第二,加大螺旋桨轴艉管后轴承处轴颈的直径,艉管后轴承内径也相应加大;第三,即加长其轴颈,又加大其直径,艉管后轴承的长度及内径也相应加大。理论上三种方法都是可行的,而且三种方法也在实际的设计工作中都应用过。但实际上,加长螺旋桨轴艉管后轴承处轴颈的做法是有限度的,不能为了满足艉管后轴承比压的要求而无限制地加长轴颈,加长艉管后轴承长度。因为艉管后轴承长度过长,虽然理论上其所承受的比压满足了不大于 0.8MPa 的要求,但在实际的运行过程中,螺旋桨轴和艉管后轴承并不能在整个长度方向上形成均匀的间隙,进而形成连续的油膜,而且艉管后轴承处轴颈长度越长,其与螺旋桨轴之间的间隙越容易发生不均匀的情况。这样造成的后果就是艉管后轴承的长度有部分是无效的,从而使螺旋桨轴的重量集中在艉管后轴承的局部,即形成边缘负载。或者因艉管后轴承与螺旋桨轴之间的间隙不均匀,而造成期间的油膜非常脆弱,极易破裂,破裂产生的应力将腐蚀艉管后轴承内径表面的白合金。以上两种不利的情况都可能造成艉管后轴承的烧毁,引起重大的事故,给建造公司和航运公司带来极大的损失。

对于新员工而言,只会从最方便的角度出发,并不能考虑到整个设计在后续整个运行中的情况。虽然设计满足规范,公约及技术规格书的要求,实际上却埋下了巨大的隐患。

第三,制作认知需求表,该表统筹综合以上三个步骤中产生的信息。该表可以帮助教学设计师关注在项目目标相关的分析内容上。

5. 培训内容确定阶段

在培训内容的确定阶段,本书的一个基本观点是,培训内容的设计是针对一个任务的,而不是针对一个步骤的。子任务之间是相互关联,相互耦合的。最后的培训内容是知识和经验的结合,本书把企业培训内容分三块,基础知识、基本操作流程以及经验与案例。由于实践项目面对的是已经具有一定工作经验的详细设计人员,培训的目的是提升他们的设计能力。结合前面调研了解的被培训员工的任务操作困难,所以重点放在经验和案例上(部分培训内容见图 5-8,由于涉及企业机密,只呈现部分内容)。基础知识和操作流程可以弱化一些。业务专家反馈道:"新员工短时间内不可能具备多个项目经验,这里把专家的经验呈现出来,新员工按照这个经验可以规避掉错误,是很有意义的。"

螺旋桨轴基本轴径的计算

$$D_p = FC \sqrt[3]{\frac{N_e}{n_e}\left(\frac{560}{R_m+160}\right)}$$

其中，

D_p——螺旋桨轴的基本直径

F——推进装置型式系数；

C——设计特性系数；

N_e——轴传递的额定功率；

n_e——轴的额定转速；

R_m——轴材料的抗拉强度。

技术要点：

(1)计算时注意正确选取推进装置型式系数及设计特性系数；

(2)计算值取整后，加上 10～20mm 为螺旋桨轴基本轴径设计值，设计值可参考成熟产品的数据；

(3)螺旋桨轴轴颈处的直径一般比基本轴径设计值大 10～20mm，其中艏部轴颈尺寸比艉部大 2～4mm。

图 5 - 8　部分培训内容

二、企业培训内容开发的质量保证

基于任务分析的企业培训内容开发操作模型的核心是任务分析。任务分析的质量直接关乎开发出的企业培训内容的质量。这里我们来看一下如何通过任务分析保证企业培训内容开发的质量。

就质量而言，一般是指目标实现的程度。教学设计理论或模型主要关注的是最优化，一般包括三个维度：效果、效率和吸引力。任务分析作为教学设计中的一个阶段，主要影响教学设计的"效果"，具体包括：①在给定情境中，应用理论达到目标的程度，即效度；②重复试验达到目标的可靠程度，即信度；③达到目标的情境范围，不同的方法对不同的情境有不同的偏好，正是这种偏好区间的不同导致了不同设计理论的适用空间不同，从中辨别优劣(Frick & Reigeluth，1992)。

　　根据教学设计理论对"效果"的界定,面向企业培训内容开发的任务分析的质量评估主要包含两个方面:第一,"重复试验达到目标的可靠性",即方法使用和数据收集上的一致性、稳定性、可靠性等方法论上的信度(Lee,2004);第二,"应用理论达到目标的程度",即通过各种方法获得的内容与目标的关联程度,即内容效度(Hoffman et al.,1998)。需要说明的是,本书主要关注的是企业培训情境下的任务分析,不涉及其他情境范围,"达到目标的情境范围"在这里并不适用,本书主要考察任务分析的信度和效度。此外,任务分析只是教学设计中的一个环节,在保证了信效度后,还要考虑如何规范有效地把任务分析结果应用到后续的环节中去,即任务分析项目成果的实践性和成果使用的规范性,本书提出了"结果可用性"维度。因此,面向企业培训内容开发的任务分析的质量评估包括方法信度、内容效度和结果可用性三个维度,如图 5‒9 所示。

图 5‒9　面向企业培训内容开发的任务分析的质量评估维度

　　图 5‒9 中,"内容效度"即是否能够获得任务线索或过程,特别是认知线索和认知过程;"方法信度"是方法使用和数据收集上的一致性、稳定性、可靠性;"结果可用性"是使用户能够很好地把任务分析结果应用到后续的设计之中,并对最终的设计产生有意义的影响。下文我们将一一展开,看如何

保证任务分析的质量。

（一）方法信度

方法信度保证了任务分析的严谨性和客观性，主要包括两方面：一是参与者报告内容的一致性；二是分析师分析过程的一致性。

参与者报告内容的一致性，是指对同样一个专家，针对同一个事件，现在访谈和过一段时间后再访谈，报告的内容是否相似或相同。已有的任务分析方法一般会要求两位以上的专家参与，其背后的假设是推测会有大量的冗余信息生成，这些冗余信息即是专家间意见一致或者数据一致性的证明（Hoffman，1987）。在专家的选择上，对稳定行业而言，必须选择那些已经在较长一段时间内具备一致的和成功地完成某一工作的能力，并且不能从事教学任务的专家，因为教师更倾向于报告他教什么，而不是他要做什么（Clark，et al.，2008）。也有研究者认为，真实操作时要考虑条件限制，一般选取 1 到 2 位真正的业务专家（Shadbolt et al.，1999）。

分析师过程应用的一致性，即评分者间信度，是指分析师是否以可靠的方式收集和分析数据。这个问题已经研究很多。通常的做法是两位分析师采用同样的方式分析同一个任务，通过一致性测试，来评估任务分析方法的可靠性（Taynor et al.，1987；Hoffman et al.，1998）。方法信度的界定如表 5‐40 所示。

表 5‐40　方法信度的界定

维度	参与者报告内容的一致性	分析师分析过程的一致性
定义	同一个专家，针对同一个事件，现在访谈和过一段时间后再访谈，报告的内容是否相似或相同	分析师是否以可靠的方式收集和分析数据，评分间信度
保障方法	两位以上的专家参与	
验证方法	不同的分析师采用同样的数据收集和分析方式，观察操作过程和结果的一致性	

（二）内容效度

信度高并不能保证任务分析结果是精确的、完整的和重要的，即内容效度。内容效度主要涉及以下问题：搜集的信息是完成该任务必需的吗（可能包括概念、原理、策略、决策点、情境线索和目标等），这些信息完备吗，这些信息真实准确吗等。已有研究为我们提供了一些证实任务分析结果有效性的策略。一般的策略是先通过任务分析方法生成一套内容，然后选择其他的业务专家、研究者或相关文献交叉互证任务分析结果的全面性、精确度和相关性（Crandall & Calderwood，1989；Crandall & Gamblian，1991；Crandall & Getchell-Reiter，1993）。

在数据有效性方面，特别是认知任务分析主要识别行为背后不可见的认知知识和过程信息，还可能存在专家偏见的问题。对此，很多研究者认为，如果说认知任务分析方法的确暴露了一些以前不为所知的线索、原理和推理规则，这可能并不是偏见而可能是分析师真正在寻找的东西（Feltovich et al.，1997；Ford & Bradshaw，1993；Gammack & Anderson，1990；Hoffman et al.，1998）。此外，不同的任务分析方法在知识析取上也存在差异，研究证明多种方法联合使用效果更好（Cooke，1994；Ericsson & Simon，1993；Russo，Johnson & Stephens，1989；Vosniadou，1994）。内容效度的界定如表 5‑41 所示。

表 5‑41　内容效度的界定

定义	任务分析获得的信息是必需的、完备的和准确的吗？	
保障方法	已证实无专家偏见	联合采用多种任务分析方法
验证方法	实践结果验证	

（三）结果可用性

任务分析的相关研究已持续了很多年，其在方法和应用上的最大弱点仍然是完成任务分析之后,应该怎样处理获得的信息(Militello & Hutton,1998;Potter et al.,2000)。任务分析结果的应用要根据任务分析的目的而定,本书中任务分析的结果主要用来设计培训,其结果应用主要包括以下三个方面:①确认教什么,避免"该教的没教""不该教的教了";②确定教学的重点和难点,明确哪些任务是重要的,哪些是学习困难的;③任务的顺序排列和培训内容的编排。

　　总之,面向企业培训内容开发的任务分析要从方法信度、内容效度和结果可用性三个维度上着手,保证任务分析结果是可靠的、有效的和可用的,进而保证企业培训内容开发的质量。

小结

✓ 本章是对第四章基于任务分析的企业培训内容开发操作模型的进一步具体化,从目标任务确认、工作任务分析、培训任务确定和学习任务分析等阶段一一展开,一方面进一步说明操作模型中各个阶段的开展步骤,另一方面也将提供相关的支持性工具,使该模型更具操作性。

✓ "目标任务确认阶段"包括绩效分析和岗位/职位分析两大关键环节,目的是找出员工存在完成困难,以至于引起企业绩效问题的任务。

✓ 绩效分析的目的是确定是否真的有培训需求。绩效分析是明确绩效问题和原因的过程,也是绩效改进的第一步。绩效改进一般包括绩效分析、干预措施的选择、设计、开发、实施与维护,以及评估等阶段。绩效分析主要聚焦在四个方面:期望绩效水平、实际绩效水平、期望绩效水平和实际绩效水平之间的差距,绩效差距产生的原因。组织分析的目的是确定期望绩效,环境分析则要明确绩效现状,随后通过对比找出期望绩效水平和实际绩效水平之间的差距,并分析绩效差距产生的原因,即完成了整个绩效分析流程。

✓ 经过绩效分析,我们确认员工的知识技能或经验等欠缺是导致绩效差距的原因,并大致确定员工范围;随后需要用到目标人群的岗位说明书来进一步完成目标任务确认。岗位说明书是岗位/职位分析的结果。岗位/职位分析是获得岗位职业、任务等信息的过程,具体的分析方法有很多。本书推荐使用易上手的 DACUM 方法。

✓ 并不是每一次的培训内容开发都要从岗位/职位分析开始。教学设计人员只有在以下情况下才需要进行岗位/职位分析：①岗位说明书不存在、过时；②与决策者期望的岗位信息不一致；③不能够指导进一步更详细的任务分析时；④由于技术、管理或者其他工作环境的改变导致了职位描述的巨大改变。此外，教学设计人员在进行岗位/职位分析时，应该主要关注教学面对的目标群体，这样才更可能及时实际地达到改进绩效的目的。

✓ 目标任务确认阶段的支持工具包括岗位说明书检核表、面向培训的岗位说明书样本、DACUM 质量标准、任务列表的检核标准、目标任务确认问卷样本。

✓ 工作任务分析环节先要获得目标任务的概要信息（如典型的输入、输出和主要步骤）、澄清任务之间的关系，还要识别出"最需要认知技能的子任务/步骤"，最终目的是建立完整的任务模型。

✓ 行为任务分析是工作任务分析阶段的关键环节，主要描述人们是如何完成工作的，主要识别任务的步骤成分、步骤的顺序、任务的操作条件、任务线索和必须达到的行为标准，如精确度、顺序或者速度等信息。行为任务分析过程可能包含以下几项活动：查阅系统和企业文件，访谈业务专家，观察员工完成任务的行为过程，记录信息，组织信息和验证分析结果。太过详细的行为任务分析很可能难以获得任务的整体结构，难以建立子任务或者步骤之间的关联，因此工作任务分析阶段建议先进行大概的分析，在后续的学习任务分析分析部分不断补充细节。

✓ 工作任务分析阶段的支持工具包括专家访谈提纲样本、认知任务的识别工具、工作任务分析输出成果、工作任务分析阶段的检核表。

✓ 培训只是解决绩效问题的其中一个可能方案。工作任务分析之后，需要考量哪些任务是必须培训的，而哪些可以采取其他干预措施。只有选定需要培训的任务后，才要进行后续的学习任务分析。"培训任务确定阶段"则是选择干预措施的过程。

✓ 绩效干预措施的选择包括 3 个阶段，初始阶段在验证绩效分析阶段得到的绩效差距和原因，并将这些差距和成因按照重要程度排序。调研阶段需要识别各种潜在的干预措施，并进行排序。最后的选择阶段选出最佳的干预措施。干预措施的选择需要考虑多重因素，如培训需求、技术、成本、时间、可持续性、可行性等。此外，当组织内员工的现有知识、技能、态度与工作要求出现偏差时，绩效改进从业者可以选择一种或多种干预措施，很多时候各种干预措施可以配合使用，而非非此即彼的。

✓ 教育类干预措施有很多，需要根据组织的实际情况进行选择，选择时应以结果为导向，并讲求成本—效益。如果引起绩效问题的原因是环境或者动机等，则倾向于选择非教学型干预措施；而如果引起绩效问题的原因是个体知识技能的缺乏，同样应该优先考虑非教学型的干预措施（如工作帮助）是否能够解决问题，最后再考虑较昂贵的培训或者教育等措施。特别是绩效支持类干预措施，一定程度上可以促进或取代学习，相对于培训来说成本更低，也能起到解决绩效问题的目的。

✓ 培训任务确认阶段的支持工具包括任务评估问卷、任务重要性和复杂性的评判标准、培训任务选择参考表、培训任务确定阶段的输出成果。

✓ 在工作任务分析得到的任务模型的基础上，学习任务分析需要进一步进行知识析出，包括进一步识别子任务/步骤，进一步识别任务背后的技能，以及进一步识别任务/技能背后的知识，最终形成任务知识结构模型，即知识的表征。

✓ 本书提出了学习任务分析的操作流程，首先，进一步识别任务和子任务形成完善的任务操作流程图，作为工作任务分析部分的补充；其次，综合采用过程追踪技术和模拟情境技术了解专家在工作情境中采取的行动、操作的策略、做出的决策、所需的经验技能以及新手可能出现的问题，该部分主要采用认知任务分析方法获得专家的认知过程和宝贵经验；再次，在第二步的基础上，进一步识别操作、经验或技能所需的"是什么"和"为什么"的知识，为员工的学习和反思提供基础知识；最后，综合以上三个方面的信息形成认知需求表，建立任务与认知需求表的关系，形成任务知识结构模型，并修正和完善该模型。

✓ 在学习任务分析的操作流程中，关键点是如何找专家。依据李文德（2020）进行组织经验萃取的观点，专家的选择标准包括：业绩稳定、优秀、自食其力；2/3 是在目标任务或岗位上任职的专家，1/3 是从该岗位被提拔为直接领导的人；每个主题或任务下包含 6～9 个专家；专家要具备建设性沟通方式，而不是批判性沟通方式，而且态度积极、愿意分享。一般建议由业务管理者和负责绩效评估的人力资源部同事负责选择专家。

✓ 在学习任务分析的操作流程中,如何访谈也非常重要。有几个注意事项:第一,建立友好的关系,给予专家充分的尊重;第二,请对方介绍案例情况,判断案例是否有挖掘价值,如是否足够优秀、典型、有挑战;第三,请专家划分案例阶段,并明确主要挑战点;第四,从做法、原因、成效三个维度对比新员工进行挖掘;第五,请专家总结成功或失败的原因,提炼出经验等。

✓ 所谓的任务知识结构模型包括认知难点、产生困难的原因、常见错误、用到的策略、所需的技能和支撑知识等。这些内容进一步提炼即专家界定问题和解决问题的系统化方法。"系统"体现在既有流程、步骤、方法、工具、模板,又有分析决策的依据、原理和假设,还包含了完成任务要避免的错误。

✓ 学习任务分析阶段的支持工具包括经验、技能和知识识别工具,专家员工与普通员工的对比分析,认知需求样表,认知任务分析方法扩展。

✓ 本书结合某船舶制造企业"后备设计人才培养"项目的培训内容开发,展示了操作模型的具体使用。

✓ 面向企业培训内容开发的任务分析要从方法信度、内容效度和结果可用性三个维度上着手,保证任务分析结果是可靠的、有效的和可用的,进而保证企业培训内容开发的质量。其中,为了保证方法信度可以至少选择两位业务专家参与,而联合使用多种任务分析方法可以更好地保证内容效度。任务分析结果要:①确认教什么,避免"该教的没教""不该教的教了";②确定教学的重点和难点,明确哪些任务是重要的,哪些是学习困难的;③任务的顺序排列和培训内容的编排。

第六章
总结与展望

本书尝试建构面向企业培训内容开发的任务分析模型,以更好地完善任务分析理论。前面五章我们分别界定了面向企业培训内容开发的任务分析的内涵,概述了三种企业培训内容开发方法,建构了面向企业培训内容开发的任务分析概念模型,并将该概念模型落实在企业培训内容开发中,建立基于任务分析的企业培训内容开发操作模型,最后详细说明操作模型中各个阶段的开展步骤并提供了相关的支持性工具,使该模型更具操作性。这一章,我们将对本书的内容进行总结,并指出未来的发展方向。

本章共包括三节。第一节梳理了本书的主要观点以及对任务分析研究领域的贡献。第二节是面向企业培训内容开发的任务分析的设计原则。前面我们提到,本书是基于设计研究的产物。基于设计研究的研究功能是"设计与开发",目的是生产新的理论、产品和实践流程,从而可能在自然情境下影响学习和教学。基于设计的研究最大的特点是在解决实践问题的同时,提炼出相应的设计原则。本书提出的面向企业培训内容开发的任务分析模型是基于设计研究的成果之一,还有一项重要成果即面向企业培训内容开发的任务分析设计原则。第三节是任务分析的未来发展。本书在设计面向企业培训内容开发的任务分析模型时参考了企业培训内容开发的最新趋势,如绩效思维、数字化学习和组织经验萃取等。与此同时,任务分析也在不断发展中,也存在一些尚待解决的问题。作者将根据对该研究领域的把握,提出任务分析的未来发展方向,以更好地明确未来需要进一步研究的问题。

第一节　本书的主要贡献

如前文所说,本书是一系列基于设计的研究的产物。立足于面向企业培训内容开发的任务分析的困境,本书对面向企业培训内容开发的任务分析理论与实践进行了探索与创新,在此基础上结合教学设计理论、绩效改进理论等构建了面向企业培训内容开发的任务分析概念模型与操作模型。本书的主要贡献如下。

第一,本书明确提出了企业培训的定位。企业培训是学校教育的补充,其学习对象的学习是任务驱动而不是知识驱动的。企业培训的目的是通过对少量员工缺失的知识、技能、经验或态度等的查漏补缺,来提升企业绩效。企业培训内容要以"实用"为导向,关注职业技能提升。

第二,本书清晰地界定了企业培训内容。企业培训内容不仅包括事实、原理、概念、理论体系等知识,而且还应该包括经验、技术、技巧等。企业培训内容包括显性知识和能够显性化的隐性知识。这里的显性知识在企业培训中以学科主题形式的学习内容为主,如是什么、为什么和部分如何做的知识。而需要进行显性化的隐性知识大多以经验的形式存在,是另一部分如何做的知识。隐性的经验知识大多与特定的情境紧密相联,经过显性化最终在企业培训中以整合情境形式的学习内容体现。本书认为,学科主题形式的学习内容和整合情境形式的学习内容都是培训内容的组成部分。整合情境形式的学习内容,可以直截了当地教会员工做什么,如何做;而学科主题形式的学习内容可以帮助员工理解操作背后的原理。

第三,本书尝试提出了工作任务的分类。根据岗位任务特点,本书把企业工作任务分为:技术操作类任务、认知思维类任务和人际沟通类任务三种。技术操作类任务,大多是基于规则的、重复性和程序性的;人际沟通类任务多是环境适应性的和人际适应性的;认知思维类任务常常需要解决抽象问题,具有思维灵活性。各个岗位的任务基本都包含了以上几类任务,一般是几种任务的组合。

第四,本书尝试建立了工作任务与企业知识的对应关系。本书采用的是世界经济合作与发展组织(OECD)1996年提出的知识分类:"是什么"的知识,即描述事实方面的知识;"为什么"的知识,即探究自然现象和社会现象的基本原理方面的知识;"如何做"的知识,即操作、实验、技能方面的知识;以及"谁知道"的知识,即谁知道什么事情、谁知道如何做某些事情,属于寻找信息和知识来源的知识。本书提出的三种工作任务是以企业知识为基础的。特别是企业任务是以"怎么做"为主,"是什么""为什么""谁知道"的知识构成了"怎么做"的支撑。

第五,本书从企业培训内容开发的视角清晰地界定了任务分析。本书把任务分析分为工作任务分析和学习任务分析两个阶段。其中工作任务分析包括岗位/职位分析、行为任务分析和认知任务分析。岗位/职位分析通过对职位信息的收集、整理、分析与综合得到岗位说明书;行为任务分析的典型输出是一系列的任务、子任务、输入、活动、输出、环境条件和行为标准;而认知任务分析可以捕捉可观察的任务行为之下的知识、思维过程和目标结构,来对行为任务分析进行扩展和补充。三者互相配合达到对任务的整体性理解,并为学习任务分析打下基础。在学习任务分析部分,我们提出,学习任务分析即获得"显性化的知识信息"的过程,包括对已有显性知识的汇总组合和对隐性知识的外部明示。显性知识的汇总组合形成学科主题形式的显性知识,而外部明示形成整合情境形式的学习内容。

第六,本书提出了基于任务分析的企业培训内容开发操作模型。操作模型包括任务分析操作流程和支持工具两方面,其中规范化的流程使实践操作有据可依,而支持工具可以帮助实现操作的标准化,二者相辅相成。在流程方面,本书主要设计了目标任务的确认、工作任务分析、培训任务的确定、学习任务分析四个阶段,在进行任务分析之前,我们首先确认目标任务,即采取绩效改进的思想,找出目标人群存在操作困难的任务;其次是工作任务分析,除了获得基本的任务的输入、输出和子任务/步骤等信息外,还需要识别出最需要认知技能的子任务/步骤,二者相结合得到任务模型,建立任务间的联系;再次,我们主张将培训用在更必要的地方,即通过任务分析得出一些决策依据,如哪些任务必须进行培训,而哪些可以采取非教学性质的绩效支持;最后,通过学习任务分析完成知识的提取,本书提出,要先分析出完整的专家的任务操作流程,新手仅仅靠模仿也能够完成,随后再分析完成任务需要的技能或经验,并进一步获得为技能和经验提供深度理解的知识或者原理。此外,本书提出了众多支持工具以帮助教学设计实践者完成任务分析流程,具体包括:岗位说明书检核表、面向培训的岗位说明书、目标任务确认问卷、专家访谈提纲样本、认知任务的识别工具、工作任务分析的输出成果、工作任务分析的检核表、任务评估问卷、培训任务选择参考表、培训任务确定阶段的输出成果、任务重要性和复杂性的评判标准、经验技能和知识的识别工具、专家员工与普通员工的对比分析以及认知需求样表等。

第七,本书提出了通过任务分析保证企业培训内容开发质量的三个维度,即方法信度、内容效度和结果可用性。方法信度是指方法使用和数据收集上的一致性、稳定性和可靠性;内容效度是通过各种方法获得的内容与目标的关联程度;结果可用性是指任务分析成果的实践性和成果使用的规范性。面向企业培训内容开发的任务分析要从方法信度、内容效度和结果可用性三个维度上着手,保证任务分析结果是可靠的、有效的和可用的,进而保证企业培训内容开发的质量。

第二节　面向企业培训内容开发的任务分析基本原则

基于实践问题,并结合本书提出的任务分析模型,本书提出以下原则,供教学设计实践人员参考使用。

第一,企业培训是学校教育的补充,其定位是提升员工的职业技能而非职业能力。本书发现,很多企业培训内容的问题实际上是企业培训的定位问题。一些以各种学科主题为主的培训内容,的确是企业员工完成任务所必需的知识,是员工培训的基础,但企业培训的最终目的是改善企业绩效而不是培养具有更强能力的员工。短期内是不可能培养能力的,企业培训只需在短时间内快速补充员工完成任务必需的知识技能来更好地完成企业任务即可。能力的培养和学生的发展是学校教育的教育目标,在这一点上,企业培训需要有清晰的定位。

第二,企业培训内容应该同时包含学科主题知识和整合情境知识,企业培训对经验的关注,是其与学校教育的一个重要区别。本书提出企业培训内容不仅应该包含学科主题知识,也应该包含整合情境的知识。本书发现,仅仅教会企业员工学习各种学科主题,仅仅是为员工提供了各种装修材料,但员工很难自己把这些学习的原材料拼成房子,达到提升技能的目的。这里所缺的即整合情境的知识。本书认为,目前企业培训中广泛提及的"培训效果转化"是一个误区,培训应该在一开始就教会学员怎么用,然后在学员学会用的情况下,适当地补充相应的知识或技能供学员达到深度理解,促进学员的个人反思,最终形成学员个人的经验或者理论。此外,本书发现,整合情境的知识大多是以经验的形式存在的。所谓的组织经验萃取,即对整合情境知识的萃取。企业培训与学校教育的一个重要区别是对经验的关注,所谓的企业经验是企业已有的知识沉淀,大多以隐性的形式存在于企业员工的头脑中。经验之所以成为经验是因为经验尚未经过科学的研究,没能成为科学的或者受到广泛认可的知识,但这些经验是能切实解决企业存在的问题的。经过萃取的企业经验很容易被其他员工学习或者模仿,是非常宝贵的培训内容,这是学校教育很少关注的地方,需要企业培训人员引起重视。

第三,绩效改进思想要贯穿整个任务分析过程中,在能够解决绩效问题的前提下,尽量选择较低成本的干预措施。本书提出,面向企业培训内容开发的任务分析的目的不仅仅是获得培训内容,而且要为企业提供一些决策依据。任务分析也并不需要对所有的任务进行分析,而是应该从绩效问题入手,经过调查确定目标人群存在困难的工作任务,这些任务才是任务分析所要关注的。本书设计的操作流程中的目标确认阶段即实现了这一思想。此外,并不是进行分析的所有工作任务都必须进行培训。根据绩效改进的思想,干预措施的选择要与绩效问题相匹配。当员工知识技能缺乏时,培训并不是唯一的干预措施,如果能够采用工作帮助等其他形式的绩效支持手段,或许能够以更低的成本解决绩效问题。因此,本书在任务分析流程设计时加入了培训任务的选择这一环节,目的是为了在能够解决绩效问题的前提下,尽可能选择较低成本的干预措施,而不是一味地进行培训。

第四,工作任务分析以获得任务之间的关系为主,不必分析过细,注重对任务的整体性理解。工作任务分析是对整个工作的分解,该过程可以更清晰地了解工作任务,但也可能破坏了组成工作的任务之间的关系。这正是很多研究者痛心疾首的地方。本书认为,工作任务分析应该以获得任务或子任务之间的关系为主,主要获得工作的输入、完成条件、所需的子任务和输出成果等方面的信息,尽可能地建立任务模型,获得对任务的整体性了解。这样既可以获得任务的各种描述性信息,又不破坏任务的整体性,为后续的学习任务分析打下基础。

第五,学习任务分析要理清知识、技能和经验的关系,同时获得任务流程、专家经验以及经验和技能背后的支撑知识。本书中,学习任务分析并不是工作任务的进一步细分,而是要获得专家操作流程、经验以及操作流程和经验背后的技能和知识。我们认为,经验是整合情境的学习内容,是大多以隐性形式存在于业务专家头脑中的操作流程或者诀窍,如果能够把这些经验萃取出来,是可供其他员工直接模仿的;而技能是已经显性化的经验,员工需要经过刻意地练习,即为了提高绩效而刻意离开自己的熟练和舒适区域,不断地依据方法去练习和提高技能;而知识可以帮助理解、解释甚至反思已有的技能和模仿的经验。三者紧密联系共同保证了员工的成长。在进行学习任务分析时,我们需要有意识地分别获得知识、技能和经验,而不仅仅是笼统的没有经过加工的专家描述。

第六,教学设计人员要逐渐转换角色,提供更多的流程和工具,以实现任务分析的自动化。本书发现,企业内部进行任务分析,特别是经验萃取,面临的主要挑战是:缺乏自动化的流程来捕捉隐性知识,缺乏贡献隐性知识的激励环境。如果企业能够采用一些激励措施使员工积极分享出自己对某个操作或者某个任务的独特经验和理解,将能获得很多宝贵的培训内容。这样任务分析不再单纯依赖外部人员对专家经验的萃取,而是员工经验的主动萃取,使经验萃取常态化,逐渐积累形成企业知识。在这个过程中,教学设计人员要转变角色,设计出更多的流程和支持工具来帮助企业自己完成任务分析。这也将是未来企业任务分析的一大趋势。

第三节 面向企业培训内容开发的任务分析的未来发展

面向企业培训内容开发的任务分析研究也在不断发展中。目前任务分析领域仍有一些尚待解决的问题。这也是未来我们需要努力的方向。

一、针对各个行业岗位设计个性化的任务分析操作模型

由于企业培训涉及的行业与岗位众多,未来我们还要对任务分析研究进一步细化,针对各个行业岗位设计更加个性化的任务分析操作模型。表 6 - 1 从行业和岗位两个维度,提出了任务分析操作模型的细化框架。

表 6 - 1 任务分析操作模型的细化框架

岗 位	制造业	金融业	采矿业	...
销售类				
财务类				

（续表）

岗　位	制造业	金融业	采矿业	…
人力资源管理类				
研发类				
生产类				
文职类				
客户服务类				
…				

　　表 6-1 中的行业划分来源于中华人民共和国统计局发布的国民经济行业分类（GB/T 4754—2011）。目前共有 20 个行业，包括采矿业、制造业、建筑业、批发和零售业、住宿和餐饮业等。岗位划分，我们这里大致分为销售类、财务类、人力资源管理类、研发类、生产类、文职类和客户服务类等类型。事实上，不同行业的岗位分类不同，不同岗位也有各自的特色与要求，如金融行业的岗位包括银行会计、储蓄员、证券经纪人、证券投资顾问、保险经纪人/保险业务员等。后续研究一方面需要检验与验证本书提出的任务分析理论对各个行业岗位的适用性，另一方面还需要根据不同行业不同岗位对已有的任务分析理论做出适当地调整与修改，以设计出个性化的任务分析操作模型以更好地满足企业岗位需求。

二、开展绩效支持以及其他教育类干预措施相关的任务分析研究

　　前面我们提到，教育类干预措施有很多，如知识管理、行动学习、混合式学习、在线学习等。此外还有绩效支持类干预措施，包括工作帮助、电子绩效支持系统、专家系统等。本书只是针对企业培训内容开发的任务分析进行了研究。其他类型的干预措施的任务分析还需要更加细致地研究。

　　（一）关于非正式学习的任务分析研究

　　前面我们提到正式培训一般包括面授课程、在线学习、研讨会等，而非

正式学习是发生在正式的或结构化的学习环境之外的，包括组织策划并推动的非正式学习活动，个人驱动的自学、工作中与同事的研讨、请教等。过去由于技术等方面的限制，我们大多只关注正式学习。然而传统培训动辄大量的资源和人力投入，以及由于缺少复习、应用及其他原因导致的学习转化困难，使企业培训效果也饱受质疑。目前随着学习的泛在化，越来越多的企业试图将正式培训与非正式学习结合起来。然而如何更好地设计与利用非正式学习还需要进一步研究。

（二）关于绩效支持的任务分析研究

在第五章我们提供了一些工具来帮助确定哪些任务需要培训，而哪些任务可以选择绩效支持。以电子绩效支持系统（EPSS）为例，该系统通过软件将基于绩效的内容、知识、学习和结构相整合，可连入大型信息数据库，通过提问、答案评估、反馈和提供建议等方式为用户提供指导。该系统可以实现学习环境与操作环境相结合，与工作流程相整合，进而提高工作速度和效率，也能减少培训费用。然而具体如何设计绩效支持的内容还需要更详细更有针对性的任务分析，特别是如何将绩效支持的概念运用到组织领导层等复杂任务中还需要进一步研究。

需要说明的是，由于企业绩效问题的复杂性，大多数绩效干预方案都是混合式的。越来越多的研究证实，仅仅靠企业培训是不够，还需要有配套的支持方式。结合的方式有很多，常见的有"企业培训＋绩效支持"和"绩效支持＋企业培训"。"企业培训＋绩效支持"即不仅在正式学习活动中为"学员"提供课程学习，也在当员工将所学知识应用到工作场景中时，给予相应的指导和支持。"绩效支持＋企业培训"即开发绩效支持系统和一个支持性教学课程，把工作需要的大部分信息存储在绩效支持系统中，员工只需要通过培训学习如何使用该系统即可。这些混合式干预方案的任务分析也需要进一步细化研究。

（三）开展面向企业培训内容开发的任务分析的自动化研究

本书认为，未来面向企业培训内容开发的任务分析的自动化研究将越来越重要,进而成为企业任务分析的一大趋势。面向企业培训内容开发的任务分析的目的是从专家那里抽离出知识、技能和经验等要素,呈现出目标员工所需的各种各样的学习内容。在企业培训中,如果能够在计算机环境下自动识别目标任务,并通过智能系统自动化获得任务知识结构,把所有的专家访谈、记录等都利用计算机程序在线同时完成,将不需要额外地培训教学设计师,也不需要预约专家时间,可以大大提高任务分析的效率,同时节省很多时间。然而,目前还存在一些需要克服的问题。例如,如何根据专家的认知过程设计分析工具,如何克服专家可能遇到的知识可视化困难,如何更好地进行人机交互,更人性化地设计专家访谈和追问等都需要进一步研究。

三、进一步研究针对企业团队任务的任务分析理论与方法

根据任务完成者的不同,任务也分为个人任务和团队任务。团队任务不仅包含团队成员需要执行的具体工作任务,还包括需要团队成员互相交互完成的任务(Arthur et al.,2005;Arthur et al.,2012)。一般来说,团队任务包括三个关键要素:团队的功能、任务设计及团队的知识、技能和能力。团队的功能是团队需要做什么,是具体的目标和任务。团队的任务设计从任务的角度探索出一系列有助于提高团队效能的基本任务元素,即如何实现团队的工作效能最大化。团队的知识、技能和能力则是研究什么样的人适合成为团队成员,即团队成员需要具备什么样的知识、技能和能力。这三个要素互相关联,相互补充,构成了团队任务分析的重要内容。由于团队任务分析需要完成从岗位/职位分析到角色分析,从角色内分析到角色间分析,从个人任职资格分析到团队素质结构分析的转换,因此团队任务分析还存在很多困难,需要更多的研究关注。

四、关注企业变革型学习的任务分析

本书关注的培训更多是效率型的培训,是在员工原有的基础上做局部的调整,使员工的技能得到提升或者知识得到丰富,最终能够更快速高效地

完成工作任务。与此同时,企业中还有一些变革型的学习,比如员工转岗或者晋升时,需要在认知思维结构上做出更大的调整。此外,随着互联网的快速发展,中国的企业不仅面临效率型的学习,也将面临变革型的学习,这种学习不仅需要员工做出认知结构的局部调整,更要做到信念或价值观的转变。如何教会员工跳出原来的思维圈,打破原来的障碍,形成新的思维模式,是当前企业面临的新问题。变革型学习的任务分析也将是未来任务分析研究的重点。

小结

✓ 本书是一系列基于设计的研究的产物。立足于面向企业培训内容开发的任务分析的困境,本书建构了面向企业培训内容开发的任务分析概念模型,并将该概念模型落实在企业培训内容开发中,建立基于任务分析的企业培训内容开发操作模型,最后详细说明操作模型中各个阶段的开展步骤并提供了相关的支持性工具,使该模型更具操作性。

✓ 作为基于设计的研究结论之一,本研究提出了面向企业培训开发的任务分析基本原则。具体包括:企业培训是学校教育的补充,其定位是提升员工的职业技能而非职业能力;企业培训内容应该同时包含学科主题知识和整合情境知识,企业培训对经验的关注,是其与学校教育的一个重要区别;绩效改进思想要贯穿整个任务分析过程中,在能够解决绩效问题的前提下,尽量选择较低成本的干预措施;工作任务分析以获得任务之间的关系为主,不必分析过细,注重对任务的整体性理解;学习任务分析要理清知识、技能和经验的关系,同时获得任务流程、专家经验以及经验和技能背后的支撑知识;教学设计人员要逐渐转换角色,提供更多的流程和工具,以实现任务分析的自动化。

✓ 面向企业培训内容开发的任务分析研究也在不断发展中。面向未来,仍有一些尚待解决的问题。其中包括:针对各个行业岗位设计个性化的任务分析操作模型;开展绩效支持以及其他教育类干预措施相关的任务分析研究;进一步研究针对企业团队任务的任务分析理论与方法;关注企业变革型学习的任务分析。

参考文献

[1] 董丽丽,田兰,刘美凤.美国教育技术企业实践的问题与趋势——《TechTrends》期刊教育技术实践人才访谈述评[J].开放教育研究,2016(1):50－59.

[2] 胡八一.岗位说明书[M].北京:电子工业出版社,2010.

[3] 姜大源.职业教育学研究新论[M].北京:教育科学出版社,2007.

[4] 李辉,刘凤军.管理学视域下企业培训内在机理与培训评估研究[J].中国流通经济,2011(4):110－114.

[5] 李龙.教学设计[M].北京:高等教育出版社,2010.

[6] 李文德.组织经验萃取[M].北京:电子工业出版社,2020.

[7] 梁林梅.教育技术学视野中的绩效技术研究[D].广州:华南师范大学,2004.

[8] 培训杂志.2019中国企业培训行业报告[R].2020.

[9] 彭剑锋.人力资源管理概论[M].第3版.上海:复旦大学出版社,2018.

[10] 皮连生.学与教的心理学[M].上海:华东师范大学出版社,2003.

[11] 王琢,刘澄.企业培养项目最佳实践:绩效培养[M].北京:电子工业出版社,2015.

[12] 乌美娜.教学设计[M].北京:高等教育出版社,1994.

[13] 徐国庆.职业教育课程开发中的有效工作任务分析[J].浙江工商职业技术学院学报,2014,13(1):1-12.

[14] 徐联仓. 组织行为学[M]. 北京:中央广播电视大学出版社,1993.

[15] 许征帆.马克思主义辞典[M].长春:吉林大学出版社,1987.

[16] 杨杰,方俐洛.工作分析的定义、理论和工具探析[J]. 自然辩证法通讯,2003,25(3):50-59.

[17] 张登印,李颖,张宁.胜任力模型应用实务:企业人力资源体系构建技术、范例及工具[M]. 北京:人民邮电出版社,2014.

[18] 张国庆. 职业培训与职业教育英汉词汇[M]. 北京:中国劳动出版社,1993.

[19] 张焕庭,李放,张燕镜,居思伟. 教育辞典[M]. 南京:江苏教育出版社,1989.

[20] 张守一. 划清信息与知识的界线 分别研究信息经济和知识经济[J]. 经济学动态,2011(10):33-37.

[21] 赵志群. 再谈职业能力与能力研究[J]. 职教论坛,2010(24):1.

[22] 赵志群. 职业教育与培训学习新概念[M]. 北京:科学出版社,2003.

[23] 赵志群. 职业能力研究新进展[J]. 职业技术教育,2013,34(10):5-11.

[24] 周晓冬. 职业学校教育和职业培训的区别与联系[J]. 技术与市场,2011,18(11):169-170.

[25] ALLEN M. Leaving ADDIE for SAM: an agile model for developing the best learning experiences[M]. ASTD Press, 2012.

[26] ANDREWS D H, GOODSON L A. A Comparative Analysis of Models of Instructional Design [J]. Journal of Instructional Development, 1980, 3(4), 2-15.

[27] ANNETT J, STANTON N A. Task Analysis[M]. London: Taylor & Francis, 2000.

[28] ARTHUR W, EDWARDS J B, BELL S T &, VILLADO A J. Team

Task Analysis: Identifying Tasks and Jobs That Are Team Based[J]. Human Factors, 2005: 655 - 669.

[29] ARTHUR W, GLAZE R M, BHUPATKAR A, VILLADO A J, BENNETT W, ROWE L J. Team Task Analysis: Differentiating Between Tasks Using Team Relatedness and Team Workflow as Metrics of Team Task Interdependence[J]. Human Factors, 2012, 54 (2):277 - 295.

[30] BARRETT G V, CALLAHAN C M. Competencies: the Madison Avenue Approach to Professional Practice [A]. In R. C. Page (Ed.), Competency Models: What Are They and Do They Work? [C]. Practitioner Forum presented at the 12th Annual Conference of the Society for Industrial and Organizational Psychology, St. Louis, Missouri, 1997.

[31] BARTRAM D. Assessment in organizations[J]. Applied Psychology: An International Review, 2004, 53, 237 - 259.

[32] BELL H H, ANDREWS D H, WULFECK II W H. Behavioral Task Analysis [A]. In SILBER K H, FOSHAY W R. Handbook of Improving Performance in the Workplace (Volume 1) [C]. Pfeiffer, John Wiley & Sons, Inc., 2009:184 - 226.

[33] BESNARD D. Expert Error: The Case of Trouble-Shooting In Electronics [A]. KOOMNEEF F, VAN DER MEULEN M. Computer Safety, Reliability and Security [C]. Springer Berlin Heidelberg, 2000. 74 - 85.

[34] BRANSON R K, GROW G. Instructional Systems Development [A]. In GAGNE R (Eds.), Instructional Technology: Foundations[C]. Hillsdale, NJ: Lawrence Erlbaum, 1987:397 - 428.

[35] BRANSON R K, RAYNER G T, COX J G, FURMAN J P, KING F

J, HANNUM W H. Interservice Procedures for Instructional Systems Development [M]. Pensacola, FL: Naval Education and Training Command,1975.

[36] CARLISLE K E. Analyzing Jobs and Tasks [M]. Englewood Cliffs, NJ: Educational Technology Publications, 1986.

[37] CARLISLE K E. Analyzing Jobs and Tasks[R]. Workshop Presented at the Annual Conference of the National Society for Performance and Instruction, 1989, March 27 – 28.

[38] CHIPMAN S F, SCHRAAGEN J M, SHALIN V L. Introduction to cognitive task analysis[A]. In SCHRAAGEN J M, CHIPMAN S F, SHALIN V L (Eds.), Cognitive task analysis[C]. Mahwah, NJ: Erlbaum, 2000: 3 – 23.

[39] CLARK R E, ELEN J. When Less Is More: Research and Theory Insights About Instruction for Complex Learning [A]. In ELEN J, CLARK R E (Eds.), Handling Complexity in Learning Environments: Research and Theory[C]. Oxford: Elsevier Science Limited, 2006:283 – 297.

[40] CLARK R E, ESTES F. Cognitive Task Analysis [J]. International Journal of Educational Research, 1996, 25 (5): 403 – 417.

[41] CLARK R E, FELDON D, VAN MERRIENBOER J, YATES K, EARLY S. Cognitive Task Analysis [A]. In SPECTOR J M, MERRILL M D, VAN MERRIËNBOER J J G, DRISCOLL M P (Eds.) Handbook of research on educational communications and technology (3rd ed.) [C]. Mahwah, NJ: Lawrence Erlbaum Associates, 2008: 577 – 593.

[42] CLARK R E, YATES K, EARLY S, MOULTON K. An Analysis of the Failure of Electronic Media and Discovery-Based Learning:

Evidence for the Performance Benefits of Guided Training Methods [A]. SILBER K H, FOSHAY R (Eds.), Handbook of Training and Improving Workplace Performance (Instructional Design and Training Delivery, Vol. I) [C]. New York, NY: John Wiley and Sons, 2010: 263 - 297.

[43] COOKE N J. Modeling Human Expertise in Expert Systems [A]. In HOFFMAN R R (Ed.), the Psychology of Expertise: Cognitive Research and Empirical AI [C]. Mahwah, NJ: Lawrence Erlbaum Associates, 1992:29 - 60.

[44] COOKE N J. Varieties of Knowledge Elicitation Techniques [J]. International Journal of Human-Computer Studies, 1994, (41): 801 - 849.

[45] CRANDALL B, CALDERWOOD R. Clinical Assessment Skills of Experienced Neonatal Intensive Care Nurses[R]. Report Contract 1-R43-NR01911-01, 1989.

[46] CRANDALL B, GAMBLIAN V. Guide to Early Sepsis Assessment in NICU [M]. Fairborn, OH: Klein Associates, Inc., 1991.

[47] CRANDALL B, GETCHELL-REITER K. Critical Decision Method: A Technique for Eliciting Concrete Assessment Indicators from the "Intuition" of NICU Nurses [J]. Nursing Sciences. 1993(16): 42 - 51.

[48] CRANDALL B, KLEIN G, HOFFMAN R. Working Minds: A Practitioner's Guide to Cognitive Task Analysis [M]. Cambridge, MA: MIT Press, 2006.

[49] DAVIES I K. Competency Based Learning: Technology, Management, and Design [M]. New York: Mcgraw-Hill, 1971.

[50] DENIS J. A Basic Course on Job Analysis [J]. Training and Development, 1992, 46(7):67 - 70.

[51] DEPARTMENT OF DEFENSE. Performance Specification: Training Data Products [M]. Lakehurst, NJ: Naval Air Warfare Center Aircraft Division, 2001.

[52] DICK W, CAREY L, CAREY J O. Systematic Design of Instruction [M]. New Jersey: Pearson. 2021.

[53] DICK W, CAREY L. The Systematic Design of Instruction (3rd) [M]. Glenview, IL: Scott, Foresma, 1990.

[54] ERICSSON K A, SIMON H A. Protocol Analysis: Verbal Reports as Data [M]. Cambridge, MA: MIT Press, 1993.

[55] FELDON D F, CLARK R E. Instructional Implications of cognitive Task Analysis as a Method for Improving the Accuracy of Experts' Self-Report [A]. In CLAREBOUT G, ELEN J (Eds.), Avoiding Simplicity, Confronting Complexity: Advances in Studying and Designing (Computer-Based) Powerful Learning Environments [C]. Rotterdam, the Netherlands: Sense Publishers, 2006:109 - 116.

[56] FELDON D F. Inaccuracies in Expert Self -Report: Errors in the Description of Strategies for Designing Psychology Experiments [D]. Los Angeles: University of Southern California, 2004.

[57] FELTOVICH P J, FORD K M, HOFFMAN R. Expertise in Context. Cambridge [M]. MA: MIT Press, 1997.

[58] FORD K M, BRADSHAW J M. Knowledge Acquisition as Modeling [M]. New York, NY: Wiley Publishers, 1993.

[59] FOSHAY W R. Alternative Methods of Task Analysis: A Comparison of Three Methods [J]. Journal of Instructional Development, 1983(17): 53 - 59.

[60] FRICK T W, REIGELUTH C M. Verifying Prescriptive Instructional Theory by Analysis of Patterns in Time[R]. At the Annual Meeting

of the American Educational Research Association (AERA), San Francisco, CA, 1992.

[61] GAGNE R M. Task Analysis—Its Relation to Content Analysis [J]. Educational Psychology, 1974, 11 (1): 11 - 18.

[62] GAGNE R M. The conditions of learning and theory of instruction (4th) [M]. New York, NY: Holt, Rinehart & Winston, 1985.

[63] GAMMACK J G, ANDERSON A. Constructive Interaction in Knowledge Engineering [J]. Expert Systems, 1990(7): 19 - 26.

[64] GIBBONS A. A Review of Content and Task Analysis Methodology [R]. San Diego, CA: Courseware, 1977.

[65] GLASER R, LESGOLD A, LAJOIE S, EASTMAN R, GREENBERG L, LOGAN D. Cognitive Task Analysis to Enhance Technical Skills Training and Assessment [M]. Pittsburgh, PA: Learning Research and Development Center, University of Pittsburgh, 1985.

[66] GORDON I, ZEMKE R. The attack on ISD: Have we got instructional design all wrong? [J]. Training, 2000(37): 43 - 53.

[67] HALFF H M, HOLLAN J D, HUTCHINS E L. Cognitive Science and Military Training [J]. American Psychologist, 1986(41): 1131 - 1139.

[68] HALL E M, GOTT S P, POKORNY R A. A procedural guide to cognitive task analysis: The PARI methodology [M]. Brooks Air Force Base, TX: Manpower and Personnel Division, U.S. Air Force, 1995.

[69] HAUENSTEIN A D. A Conceptual Framework for Educational Objectives: A Holistic Approach to Traditional Taxonomies [M]. Lanham, MD: University Press of America, 1998.

[70] HOFFMAN R R. the Problem of Extracting the Knowledge of

Experts from the Perspective of Experimental Psychology [J]. AI Magazine, 1987, 8(2): 53 - 67.

[71] HOFFMAN C K, MEDSKER K L. Instructional Analysis: The Missing Link between Task Analysis and Objectives [J]. Journal of Instructional Development, 1983, 6(4): 17 - 23.

[72] HOFFMAN R R, CRANDALL B, SHADBOLT N. Use of the Critical Decision Method to Elicit Expert Knowledge: A Case Study in the Methodology of Cognitive Task Analysis[J]. Human Factors, 1998, 40(2), 254 - 276.

[73] IKUJIRO NONAKA, HIROTAKA TAKEUCHI. The Knowledge-Creating Company How Japanese Companies Create the Dynamics of Innovation[M]. Oxford University Press, USA,1995

[74] JACKSON S. Task Analysis [A]. In SMITH M. Introduction to Performance Technology[C]. Washington, DC: National Society for Performance and Instruction, 1986.

[75] JOHNSON P, JOHNSON H, WADDINGTON R. Task-Related Knowledge Structures: Analysis, Modelling and Application [M]. University of London. Queen Mary College. Department of Computer Science and Statistics, 1988.

[76] JOHNSON P, JOHNSON H, WILSON S. Rapid Prototyping of User Interfaces Driven by Task Models [A]. In CARROLL J M. Scenario-Based Design for Human Computer Interaction[C]. John Wiley & Sons, Inc., 1995: 209 - 246.

[77] JONASSEN D H, HANNUM W H, TESSMER M. Handbook of Task Analysis Procedures [M]. New York: Praeger, 1989.

[78] JONASSEN D H, TESSMER M, HANNUM W H. Task Analysis Methods for Instructional Design [M]. Mahwah, NJ: Lawrence

Erlbaum Associate，1999.

［79］JONASSEN D H. Computers in the Classroom：Mindtools for Critical Thinking ［M］. Columbus：Merrill/Prentice Hall，1996.

［80］KEMP J E. The Instructional Design Process ［M］. New York：Harper and Row，1985.

［81］KIRWAN B，AINSWORTH L K. A Guide to Task Analysis：The Task Analysis Working Group ［M］. CRC Press，1992.

［82］KLEIN G，MILITELLO L. Some Guidelines for Conducting a Cognitive Task Analysis ［J］. Advances In Human Performance and Cognitive Engineering Research，2001(1)：163 - 200.

［83］KLEIN G，ASSOCIATES INC. The Value Added by Cognitive Task Analysis ［A］. Proceedings of the Human Factors and Ergonomics Society 39th annual meeting，1995.

［84］KNOWLES M S，HOLTON III E F，SWANSON R A. The Adult Learner：The definitive classic in adult education and human resource development 8th Edition［M］. Routledge,2015.

［85］KOSZALKA T，RUSS-EFT D，REISER R. Instructional Design Competencies：The Standards （4th Ed）［M］. Information Age Publishing，Charlotte，NC，2013.

［86］LEE R L. The Impact of Cognitive Task Analysis on Performance：A Meta Analysis of Comparative Studies［D］. Los Angeles，CA：Rossier School of Education，University of Southern California，2004.

［87］LIEVENS F，SANCHEZ J I，DE CORTE W. Easing the inferential leap in competency modeling：The effects of task-related information and subject matter expertise［J］. Personnel Psychology，2004(57)：881 - 904.

［88］LOPEZ F M，KESSELMAN G A，LOPEZ F E. An empirical test of

a trait-oriented job analysis technique [J]. Personnel Psychology. 1981(34): 479 – 502.

[89] LUCIA A, LEPSINGER R. The Art and science of competency models: Pinpointing critical success factors in organizations[M]. San Francisco, CA: Jossey – Bass/Pfeiffer, 1999.

[90] LYNHAM S A. General Method of Theory Building in Applied Disciplines [A]. SWANSON R A, CHERMACK T J. Theory building in applied disciplines[C]. Berrett-Koehler Publishers, 2013.

[91] MAGER R. Goal Analysis: How to Clarify Your Goals So You Can Actually Achieve Them (3rd Ed.) [M]. Atlanta, GA: the Center for Effective Performance, 1997.

[92] MARZANO R J. The art and science of teaching: A comprehensive framework for effective instruction [M]. Alexandria, VA: Association for Supervision & Curriculum Development, 2007.

[93] MCCLELLAND D C. Testing for competence rather than for "intelligence" [J]. American Psychologist, 1973(28): 1 – 14.

[94] MCCORMICK E. Job Analysis [M]. New York: AMACOM, 1979.

[95] MERRILL M D. A Pebble-in-the-Pond Model for Instructional Design [J]. Performance Improvement, 2002, 41(7): 39 – 44.

[96] MILITELLO L, HUTTON R J. Applied Cognitive Task Analysis (ACTA): A Practitioner's Tool Kit for Understanding Cognitive Task Demands [J]. Ergonomics, 1998,41 (11):1618 – 1641.

[97] MILLER R B. A suggested guide to position-task description[R]. American Institutes for Research Pittsburgh PA, 1956.

[98] MIRABILE R J. Everything you wanted to know about competency modeling[J]. Training and Development, 1997(51): 73 – 77.

[99] MONDY R W, NOE R M, PREMEAUX S R. Human Resource

Management (8th Edition) [M] . New Jersey：Pearson，2002.

[100] MONTEMERLO M D，TENNYSON M E. Instructional systems development：Conceptual analysis and comprehensive bibliography [R]. Naval Training Equipment Center Orlando FL，1976.

[101] MORRISON G R，ROSS S M，MORRISON J R，KALMAN H K. Designing effective instruction(8th) [M]. New York：John Wiley & Sons，2019.

[102] NGUYEN F. The effect of performance support and training on performer attitudes[J]. Performance Improvement Quarterly，2009，22(1)，95 - 114

[103] NOE R A. Employee training and development. (5th ed.) [M]. New York，NY：McGraw-Hill/Irwin，2010.

[104] NORTON R E. DACUM Handbook(2nd) [M]. Leadership Training Series No. 67. ERIC Document Reproduction Service Number：ED401 483，1997.

[105] NORTON R E. SCID：Model for Effective Instructional Development [M]. ERIC Document Reproduction Service Number：ED359338，1999.

[106] OECD. Knowledge-based economy[M]. Paris，1996.

[107] PEARLMAN K. Competencies：Issues in Their Application [A]. In PAGE R C(Eds.)，Competency Models：What Are They and Do They Work? [C] Practitioner Forum Conducted at the Meeting of the Society for Industrial and Organizational Psychology，St. Louis，MO，1997.

[108] POLANYI M. The Tacit Dimension[M]. London：Routledge & Kegan Paul，1966.

[109] PORTER M E. Competitive Advantage：Creating and Sustaining Superior Performance[M]. Simon & Schuster，2004.

[110] POTTER S, ROTH E M, WOODS D D, ELM W C. Bootstrapping Multiple Converging Cognitive Task Analysis Techniques for System Design [A]. In SCHRAAGEN J M, CHIPMAN S F, SHALIN V L (Eds.), Cognitive Task Analysis. Mahwah [C]. NJ: Lawrence Erlbaum Associates, 2000.

[111] PRIEN E P, PRIEN K O, GAMBLE L G. Perspectives on nonconventional job analysis methodologies[J]. Journal of Business and Psychology,2004(18):337 - 348.

[112] REDDOUT D. What Is a Task? [J]. Performance and Instruction, 1987, 26(1):5 - 6.

[113] REIGELUTH C M. A New Paradigm of ISD? [J]. Educational Technology, 1996(3): 13 - 20.

[114] RICHEY R C, FIELDS D C, FOXON, M. Instructional Design Competencies: The Standards (3rd) [M]. Syracuse, NY: ERIC Clearinghouse on Information and Technology, 2001.

[115] RODRIGUEZ D, PATEL R, BRIGHT A, GREGORY D, GOWING M K. Developing competency models to promote integrated human resource Practices [J]. Human Resource Management, 2002(41): 309 - 324.

[116] ROMISZOWSKI A. The Development of Physical Skills: Instruction in the Psychomotor Domain [A]. In REIGELUTH C M. Instructional-Design Theories and Models: A New Paradigm of Instructional Theory[C]. NY: Routledge, 1999: 457 - 481.

[117] ROTHWELL W J, KAZANAS H C. Mastering the Instructional Design Process: A Systematic Approach(4th) [M]. San Francisco: Pfeiffer, 2008.

[118] RUGGEBERG B J. A consultant's perspective on doing competencies

well: Methods, models, and lessons[A]. In Fink A(Ed.), Doing competencies well[C]. New York: Symposium presented at the Annual Conference of the Society for Industrial and Organizational Psychology, 2007.

[119] RUMMLER G, BRACHE A. Improving Performance: How to Manage the White Space on the Organization Chart[M]. San Francisco: Jossey-Bass, 1990.

[120] RUSSO J E, JOHNSON E J, STEPHENS D L. The validity of verbal protocols[J]. Memory & cognition, 1989, 17(6): 759 - 769.

[121] RYDER J M, REDDING R E. Integrating Cognitive Task Analysis into Instructional Systems Development [J]. Educational Technology Research and Development, 1993, 41(2): 75 - 96.

[122] SACKETT P R, LACZO R M. Job and work analysis[A]. In Borman W C, Ilgen D R, Klimoski R J(Eds.), Handbook of psychology: Industrial and Organizational Psychology [C]. Hoboken, NJ: Wiley. 2003(12): 21 - 37.

[123] SANCHEZ J I, LEVINE E L. What is (or should be) the difference between competency modeling and traditional job analysis? [J]. Human Resource Management Review, 2009(19): 53 - 63.

[124] SCHAAFSTAL A, SCHRAAGEN J M, VAN BERL M. Cognitive task analysis and innovation of training: The case of structured troubleshooting [J]. Human Factors: The Journal of the Human Factors and Ergonomics Society, 2000, 42(1): 75 - 86.

[125] SCHAAFSTAL A, SCHRAAGEN J M, VAN BERLO M. Cognitive Task Analysis and 25 Innovation of Training: The Case of the Structured Troubleshooting [J]. Human Factors, 2000(42): 75 - 86.

[126] SCHIPPMANN J S, ASH R A, BATTISTA M, CARR L, EYDE L D, HESKETH B. The Practice of Competency Modeling [J]. Personnel Psychology, 2000(53): 703 - 740.

[127] SHADBOLT N, O'HARA K, CROW L. The Experimental Evaluation of Knowledge Acquisition Techniques and Methods: History, Problems and New Directions[J]. International Journal of Human-Computer Studies. 1999(51): 729 - 755.

[128] SHUTE V, SUGRUE B, WILLIS R E. Automating Cognitive Task Analysis [A]. In Cognitive Technologies for Knowledge Assessment Symposium Proceedings[C]. AERA, Chicago, 1997.

[129] SMITH P L, RAGAN T J. Instructional Design (3rd) [M]. New Jersey: John Wiley & Sons, 2005.

[130] SPENCER L J, SPENCER S M. Competence at Work Models for Superior Performance [M]. NY: Wiley, 1993.

[131] STOLOVITCH H D, KEEPS E J. Handbook of human performance technology[M]. San Francisco: Jossey-Bass Pfeiffer, 1999.

[132] STONE T, WEBSTER B D, SCHOONOVER S. What Do We Know About Competency Modeling? [J]. International Journal of Selection and Assessment, 2013, 21(3): 334 - 338.

[133] SWANSON R, GRADOUS D. Performance at Work: A Systematic Program for Analyzing Work Behavior [M]. New York: Wiley-Interscience, 1986.

[134] TAYNOR J, CRANDALL B, WIGGINS S. The Reliability of the Critical Decision Method [R]. (Tech. Report Contract MDA903-86-C-0170, U. S. Army Research Institute), Fairborn OH: Klein Associates, Inc.,1987.

[135] TRILLING B, FADEL C. 21st Century Skills: Learning for Life in

Our Times[M]. Jossey-Bass，2009.

[136] TURNER A N，LAWRENCE P R. Individual jobs and the worker [D]. Boston：Harvard University，Graduate School of Business Administration，1965.

[137] U.S. AIR FORCE. Handbook for Designers of Instructional Systems [M]. Washington，DC：U.S. Air Force，1973.

[138] VAN MERRIËNBOER J G，CLARK R E，DE CROOCK M M. Blueprints for Complex Learning：the 4C/ID Model[J]. Educational Technology Research and Development，2002，50(2)：39 - 64.

[139] VAN TIEM D，MOSELEY J L，DESSINGER J C. Fundamentals of performance improvement：Optimizing results through people， processes，and organizations（3rd ed.）[M]. San Francisco，CA： Wiley/International Society for Performance Improvement，2012.

[140] VELMAHOS G C，TOUTOUZAS K G，SILLIN L F，CHAN L， CLARK R E，THEODOROU D，MAUPIN F. Cognitive Task Analysis for Teaching Technical Skills in an Inanimate Surgical Skills Laboratory [J]. the American Journal of Surgery，2004（18)： 114 - 119.

[141] VILLACHICA S W，STONE D L. Cognitive Task Analysis[A]. In SILBER K H，FOSHAY W R. Handbook of Improving Performance in the Workplace（Volume 1）[C]. Pfeiffer，John Wiley & Sons， Inc.，2009：227 - 258.

[142] VINCENTE K J. Cognitive Work Analysis：Toward Safe， Productive，and Healthy Computer-Based Work [M]. Hillsdale， NJ：Lawrence Erlbaum Associates，1999.

[143] VOSNIADOU S. Capturing and modeling the process of conceptual change[J]. Learning and Instruction，1994，4(1)：45 - 69.

[144] WEGNER D M. The Illusion of Conscious Will [M]. Cambridge, MA: MIT Press, 2002.

[145] WELFORD A T. Fundamentals of Skill [M]. London: Methuen & Co Ltd., 1968.

[146] YATES K A. Towards A Taxonomy of Cognitive Task Analysis Methods: A search for cognition and task analysis interactions [D]. Rossier School of Education, University of Southern California, Los Angeles, 2007.

[147] YATES K A, CLARK R E. Cognitive Task Analysis [M]//The International Handbook of Student Achievement. New York: Routledge, 2012.

索 引

A

ADDIE 7

AGILE 模型 21

B

变革型学习 202

步骤 3

C

财务系统干预措施 149

层级分析法 66

差距分析 126

产生性技能 156 程序 16

处方性信息 76

D

DACUM 4

典型工作任务 5

动作技能 36

F

反应技能 113

非正式学习 28

符号性信息 75

G

概念 1

干预措施 13

岗位 2

岗位分析 5

岗位分析/工作设计干预措施 149

岗位胜任力 58

岗位说明书 93

岗位/职务分析 134

个人发展干预措施　149

个人任务　152

工作　1

工作分析　1

工作岗位　2

工作任务分析　16

H

环境分析　8

活动分析　15

J

绩效分析　15

绩效改进　57

绩效思维　99

绩效支持　1

绩效支持类干预措施　149

集体任务　140

技术操作类任务　41

技术性信息　76

交互技能　113

教学目标　1

教学内容　1

教学设计　1

教学系统设计　8

教学总目标　1

教育类干预措施　149

K

开发　1

L

6D 法则　21

M

描述性信息　75

P

PARI　17

培训　1

培训内容　6

评价　7

Q

期望绩效水平　121

企业绩效　29

企业培训　2

企业团队任务　202

企业知识　41

R

人际沟通类任务　41

人力资源管理　6

人力资源开发干预措施　149

认知技能　107

认知任务　15

认知任务分析　16

认知思维类任务　41

任务　1

任务分析　1

任务模型　107

任务知识结构法　166

任务知识结构模型　111

S

SAM 模型　21

SCID　46

胜任力　7

胜任力模型　40

实际绩效水平　121

事实　17

数字化学习　100

T

团队任务　20

团队任务分析　20

X

显性知识　41

信息　5

行动任务　67

行为任务分析　41

形成性评价　22

需求分析　8

学习分析　15

学习结果分类　66

学习任务分析　8

学习思维　99

Y

隐性知识　41

应用认知任务分析法　168

原理　39

原因分析　126

Z

再生性技能　156

正式学习　28

知识　7

知识表征　111

知识管理　87

知识析出　111

职位　1

职务分析　5

职业　2

职业教育　5

职责　3

主题/内容分析　16

总结性　22

组织分析　122

组织沟通干预措施　149

组织经验　45

组织经验萃取　67

组织设计和发展干预措施　149